W0053115

Weniger Fehler  in der Klassenarbeit

Deutsch
Grammatik 5|6

Schroedel

Weniger Fehler  in der Klassenarbeit

Deutsch Grammatik 5|6

Autor:

Helmut Lindzus unterricht Deutsch und Sport an einer Gesamtschule in Lünen. Außerdem bildet er am Studienseminar Hagen Lehrerinnen und Lehrer für das Fach Deutsch aus. Er hat zahlreiche Lernhilfen und Schulbücher veröffentlicht.

© 2016 Bildungshaus Schulbuchverlage
Westermann Schroedel Diesterweg Schöningh Winklers GmbH, Braunschweig
www.schroedel.de

Das Werk und seine Teile sind urheberrechtlich geschützt. Jede Nutzung in anderen als den gesetzlich zugelassenen Fällen bedarf der vorherigen schriftlichen Einwilligung des Verlages.

Hinweis zu § 52a UrhG: Weder das Werk noch seine Teile dürfen ohne Einwilligung gescannt und in ein Netzwerk eingestellt werden. Dies gilt auch für Intranets von Schulen und sonstigen Bildungseinrichtungen. Für Verweise (Links) auf Internet-Adressen gilt folgender Haftungshinweis: Trotz sorgfältiger inhaltlicher Kontrolle wird die Haftung für die Inhalte der externen Seiten ausgeschlossen. Für den Inhalt dieser externen Seiten sind ausschließlich deren Betreiber verantwortlich. Sollten Sie daher auf kostenpflichtige, illegale oder anstößige Inhalte treffen, so bedauern wir dies ausdrücklich und bitten Sie, uns umgehend per E-Mail davon in Kenntnis zu setzen, damit beim Nachdruck der Verweis gelöscht wird.

Druck 1 / Jahr 2016

Redaktion: imprint, Zusmarshausen
Kontakt: lernhilfen@schroedel.de
Umschlaggestaltung: Janssen Kahlert Design & Kommunikation GmbH, Hannover
Umschlagfoto: Duc John Nguyen
Innenlayout: tiff.any GmbH, Berlin
Illustrationen: Evelyn Neuss, Hannover
Druck und Bindung: westermann druck GmbH, Braunschweig

ISBN 978-3-507-23091-0

Inhaltsverzeichnis

Vorwort

Liebe Schülerin, lieber Schüler,

du möchtest weniger Fehler machen und deine Noten verbessern?
Dann ist **Weniger Fehler in der Klassenarbeit** genau das Richtige für dich!
Weniger Fehler in der Klassenarbeit hilft dir, typische Fehler zu vermeiden
und so deine Leistungen zu steigern.

Zu jedem wichtigen Thema gibt es ein Kapitel. Jedes Kapitel beginnt mit
einem Auszug aus einer Klassenarbeit. Hier siehst du, welche Fehler
häufig gemacht werden. Sind in deiner Klassenarbeit ähnliche Fehler
angestrichen? Dann solltest du dieses Kapitel auf jeden Fall bearbeiten!

Die Kapitel bestehen aus folgenden Bausteinen:

Regeln	Hier wird leicht verständlich erklärt, welche Regeln du beachten musst, um typische Fehler zu vermeiden.
Übungen	Mithilfe der Übungen kannst du die Regeln aktiv trainieren.
Tipps	Eingestreute Tipps geben dir zusätzliche Hilfestellungen.
Fehler-Check	Am Ende des Kapitels kannst du den Test machen: Alles fehlerfrei?

Die **Lösungen** zu den Übungen und zum Fehler-Check findest du am
Ende des Buches.

Und nun kannst du dem Fehlerteufel den Kampf ansagen!

Viel Erfolg wünscht dir
Helmut Lindzus

Nomen

Nomen sicher erkennen

Der Besuch im Zoo war ein lang geäußerter wunsch. Benjamin freute |

sich besonders auf die Tiere im affengehege. Die Enten, die seine |

Eltern auf dem teich am eingang bewunderten, interessierten ihn nicht. ||

Er hatte etwas glück, dass sie Freunde trafen, die auch zu den Affen ... |

Regeln

Nomen bezeichnen Lebewesen, Dinge, Vorstellungen oder Empfindungen.

Beispiele Lebewesen: *Kind, Mensch, Vogel, Rose, Käfer*
Beispiele Dinge: *Holz, Schiff, Tasche, Treppe*
Beispiele Vorstellungen/Empfindungen: *Liebe, Hoffnung, Trauer*
Nomen werden immer großgeschrieben.

Folgende Hilfen erleichtern dir das Erkennen von Nomen:

1. Man erkennt Nomen meistens daran, dass vor ihnen **Signalwörter wie Artikel oder Pronomen** stehen.
    Beispiel: *der Brief, das Geschenk bzw. mein Buch, sein Haus*

2. Häufig steht das **Signalwort nicht direkt vor dem Nomen.** Manchmal steht zum Beispiel ein Adjektiv dazwischen.
    Beispiel: *das **blaue** Fahrrad, die **strahlende** Sonne*

3. Manchmal ist der **Artikel auch in einem anderen Wort** enthalten.
    Beispiel: *im = in dem, beim = bei dem, ins = in das, zur = zu der*

4. Wenn ein Signalwort fehlt, kann man zur **Probe einen Artikel oder ein Adjektiv** in Gedanken einsetzen.
    Beispiel: *Lesen macht Spaß – (das) Lesen macht Spaß*
    vor Freude hüpfte er – vor (großer) Freude hüpfte er

Übungen

① Unterstreiche alle Wörter, die Nomen sind und deshalb großgeschrieben werden müssten. Unterstreiche auch die Satzanfänge.

ärger bei den affen

bei den affen gab es ärger, weil die tiere sich um einen lappen stritten, den sie dem tierpfleger aus der hosentasche gestohlen hatten. das kleinste tier der gruppe erwischte schließlich das tuch und flüchtete damit auf den höchsten und dünnsten ast des kletterbaums im gehege. aus übermut winkte es seinen verfolgern mit dem putztuch zu und klatschte sich selbst heftig beifall.

Tipp | Beachte, dass **Überschriften** und **Satzanfänge immer großgeschrieben werden**, auch wenn als erstes Wort kein Nomen steht.

② Bilde aus folgenden Wörtern Nomen, indem du die passende Nachsilbe verwendest.

hoffen	Hoffnung	entdecken	
nützlich		versäumen	
warnen		bescheiden	
frech		richtig	
erzählen		einsam	
gestehen		leiten	

Tipp | Bei Wörtern mit den **Nachsilben -nis, -heit, -keit, -schaft, -tum und -ung** handelt es sich auch um **Nomen**.
Beispiel: *Erlaubnis, Faulheit, Heiterkeit, Leidenschaft, Reichtum, Übung*

Fehler-Check

Schreibe den Text ab. Achte dabei auf die korrekte Großschreibung der Nomen und Satzanfänge.

FÜTTERUNG DER SEELÖWEN

AUF DEM WEG ZU DEN SEELÖWEN MUSSTE
BENJAMIN EINER UMLEITUNG FOLGEN, DA
BAUARBEITER MIT DER VERLEGUNG EINES
KANALROHRS BESCHÄFTIGT WAREN.
BENJAMINS ELTERN ZEIGTEN VERSTÄNDNIS
DAFÜR, DASS ER SIE ZUR EILE ANTRIEB.
EINE GEWISSE PÜNKTLICHKEIT WAR
SCHON NOTWENDIG, WENN MAN EINEN
GUTEN PLATZ VOR DEM BECKEN HABEN

WOLLTE. BEI SEINER ANKUNFT STELLTE BENJAMIN MIT ZUFRIEDENHEIT
FEST, DASS ER FÜR DEN BEGINN DER FÜTTERUNG NOCH NICHT ZU SPÄT
WAR. IN GESPANNTER ERWARTUNG HATTEN SICH ALLE TIERE BEREITS VOR
DER GITTERTÜR EINGEFUNDEN, DURCH DIE DER TIERPFLEGER IM NÄCHS-
TEN AUGENBLICK MIT DEM EIMER VOLLER FISCHE KOMMEN MUSSTE.
WEGEN DER VERZÖGERUNG KAM ETWAS UNRUHE BEI DEN TIEREN AUF.

Fehler	0–2 Fehler	3–14 Fehler	mehr als 14 Fehler
	Super!	In Ordnung!	Bitte noch einmal üben!

Geschlecht und Numerus des Nomens

Ein großer Schrecken

Die Garagentor war hinter uns automatisch zugefahren. |

Der plötzliche Finsternis kam für uns völlig überraschend. |

Eigentlich wollten wir nur schnell unsere Fahrrads abstellen. |

Jetzt saßen wir in die Dunkelheit fest. Keiner wusste, was … |

Regeln

Nomen haben ein **Geschlecht** (Genus) und einen **Numerus**.

1. Das **grammatische Geschlecht eines Nomens** erkennst du am **Artikel**. Nomen können männlich (**Maskulinum**), weiblich (**Femininum**) oder sächlich (**Neutrum**) sein.
   Beispiel: *der Boden (Maskulinum), die Luft (Femininum), das Wasser (Neutrum)*

2. Bei **zusammengesetzten Nomen** (Komposita) richtet sich das Geschlecht **nach dem letzten Wort** der Zusammensetzung.
   Beispiel: *das Haus (Neutrum) + die Tür (Femininum) = die Haustür (Femininum)*

3. Je nachdem, ob **ein Nomen ein Ding oder mehrere Dinge** bezeichnet, steht es im entsprechenden **Numerus**. Die meisten Nomen können im **Singular** (Einzahl) oder **Plural** (Mehrzahl) stehen.
   Beispiel: *das Kind – die Kinder, das Fahrrad – die Fahrräder*
   Es gibt einige Ausnahmen:
   a) Einige Nomen können keinen Plural bilden.
      Beispiel: *die Wut, das Laub*
   b) Einige Nomen kommen nicht im Singular vor.
      Beispiel: *die Eltern, die Ferien*

Übungen

1 Bestimme das Geschlecht der folgenden Nomen. Ordne sie in die Tabelle ein und ergänze den richtigen Artikel:

~~Hund~~ ▪ Schwein ▪ Mond ▪ Geschirr ▪ Hallenbad ▪ Sonne ▪ Wattetupfer ▪ Pumpe ▪ Geschirrspüler ▪ Nachbar ▪ Stille ▪ Trampolin ▪ Dachlatte ▪ Mumie ▪ Halsband

Maskulinum	Femininum	Neutrum
der Hund		

Tipp | Einige Nomen haben zwei oder sogar drei Geschlechter. Das Geschlecht des Nomens hängt dann von seiner Bedeutung ab.
Beispiel: _der_ Bauer = Landwirt, _das_ Bauer = Vogelkäfig

2 Bestimme die möglichen Geschlechter folgender Nomen, indem du den jeweiligen Artikel ergänzt.
Erkläre die unterschiedlichen Bedeutungen.

Nomen	Geschlecht	Bedeutung
Steuer		
Tau		
Band		

Nomen	Geschlecht	Bedeutung
Kiefer		
See		

3 Füge die Nomen in Klammern in der richtigen Form in den Lückentext ein. Manchmal passt auch die Form aus der Klammer.

Schreck am Nachmittag

Wir hatten uns beim Abstellen unserer _____ (Fahrrad)

selbst in der _____ (Garage) eingesperrt, da beide

_____ (Tor) sich automatisch geschlossen hatten. Heftiges

_____ (Klopfen) und laute _____ (Schrei)

halfen nichts. Zum Glück ließen zwei kleine _____ (Fens-

ter) etwas _____ (Licht) in die Dunkelheit. Auszusteigen

war aber unmöglich, da _____ (Gitterstab) zum Schutz vor

_____ (Einbrecher) angebracht waren. Wir untersuchten

die _____(Kiste), _____ (Plastiktüte) und

_____ (Gerät), die in den _____ (Ecke) herum-

lagen, nach möglichem _____ (Werkzeug).

4 Unterstreiche die Nomen, die keinen Plural oder keinen Singular bilden können. Manchmal haben Plural und Singular die gleiche Form.

Geschwister ▪ Mutter ▪ Laub ▪ Ferien ▪ Hobby ▪ Gold ▪ Bild ▪ Trümmer ▪ Gast ▪ Getreide ▪ Garten ▪ Gebirge ▪ Gans ▪ Schuh ▪ Pocken ▪ Obst ▪ Frucht ▪ Kälte ▪ Lehrer ▪ Möbel ▪ Haus ▪ Leute

Fehler-Check

Füge den passenden Artikel in die Lücken ein. Schreibe außerdem die Nomen in Klammern im richtigen Numerus auf die entsprechende Linie. Achtung: Einige Nomen bilden keinen Plural.

Befreiung aus der Garage

_____ dunkle Garage war fast zwei Stunden

unser Gefängnis. Da unsere _____ (Eltern)

in der Stadt zum Einkaufen waren, hofften wir,

dass unsere _____ (Nachbar) etwas

merken würden.

Alle _____ (Versuch) hatten gezeigt,

dass sich _____ (Garagentor) von innen

nicht öffnen ließen. _____ Wagenheber, _____ kleine Gartenharke

und andere _____ (Gegenstand), die wir in der Garage

gefunden hatten, waren als Werkzeug ungeeignet. Erst gegen Abend

haben meine beiden _____ (Schwester) unser

_____ (Fehlen) bemerkt. _____ Fernbedienung, die sie

aus dem Haus holten, funktionierte zum Glück. Auch unsere technisch

interessierten _____ (Vater) konnten sich _____ Problem nicht

wirklich erklären.

	Fehler	0–1 Fehler	2–6 Fehler	mehr als 6 Fehler
		Super!	In Ordnung!	Bitte noch einmal üben!

Nomen im richtigen Fall verwenden

Da er sehr müde war, legte er sich auf <u>dem</u> Rasen. Das Geschrei des   /

<u>Bruder</u> störte ihn nicht. Schnell schlief er tief ein und träumte von den /

Stränden des <u>Mittelmeer</u>. Erst das Wasser des <u>Rasensprenger</u> riss ihn   //

aus den <u>Traum</u>. Sein kleiner Bruder hatte den Strahl auf <u>dem</u> Schla-   //

fenden gerichtet, da er jemanden ...

Regel

Nomen verändern sich, je nachdem wie sie im Satz verwendet werden.
Sie stehen dann in einem der **vier Fälle**, die es in der deutschen Sprache
gibt.
Beispiel:
a)   *Der Mann fährt in die Stadt.*   → *1. Fall: Nominativ*
b)   *Das Auto des Mannes ist neu.*   → *2. Fall: Genitiv*
c)   *Das Auto gehört dem Mann.*   → *3. Fall: Dativ*
d)   *In der Stadt treffe ich den Mann.*   → *4. Fall: Akkusativ*
Diese Veränderungen des Nomens nennt man **Beugung** bzw. **Deklination**.
Die Beugung des Nomens ist **abhängig vom Genus und Numerus**.

<table>
<tr><td rowspan="4">**Singular**</td><td>**Nominativ**</td><td>der Mann</td><td>die Frau</td><td>das Kind</td></tr>
<tr><td>**Genitiv**</td><td>des Mannes</td><td>der Frau</td><td>des Kindes</td></tr>
<tr><td>**Dativ**</td><td>dem Mann</td><td>der Frau</td><td>dem Kind</td></tr>
<tr><td>**Akkusativ**</td><td>den Mann</td><td>die Frau</td><td>das Kind</td></tr>
</table>

<table>
<tr><td rowspan="4">**Plural**</td><td>**Nominativ**</td><td>die Männer</td><td>die Frauen</td><td>die Kinder</td></tr>
<tr><td>**Genitiv**</td><td>der Männer</td><td>der Frauen</td><td>der Kinder</td></tr>
<tr><td>**Dativ**</td><td>den Männern</td><td>den Frauen</td><td>den Kinder</td></tr>
<tr><td>**Akkusativ**</td><td>die Männer</td><td>die Frauen</td><td>die Kinder</td></tr>
</table>

Übungen

1 Präge dir die gebeugten Formen auf der vorherigen Seite zunächst ein. Ergänze dann, ohne nachzuschauen, die folgenden Tabellen.

Singular	Nominativ	der Hund	die Schwester	das Haus
	Genitiv			
	Dativ			
	Akkusativ			

Plural	Nominativ	die Hunde		
	Genitiv			
	Dativ			
	Akkusativ			

2 Setze die richtig gebeugten Nomen mit dem dazugehörigen Artikel in die Lücken ein. Manchmal gibt es zwei Möglichkeiten.

Spaß im neuen Freibad

Schon der Eingangsbereich des _Schwimmbades_ (Schwimmbad) ist

nach der Renovierung vollständig geändert. Große Tafeln weisen _____

_____ (Badegast) den Weg zu den Umkleidekabinen.

Für _____ _____ (Babys) gibt es ein Planschbecken.

Die Temperatur _____ _____ (Becken) beträgt 30 Grad

Celcius. Das große Schwimmbecken lockt mit seinen 50-Meter-Bah-

nen _____ _____ (Sportschwimmer). Die Wasserrutschen

aber ziehen _____ _____ (Kind) an.

Für____ _____ (Angsthase) gibt es eine ganz flache

Rutsche; für die Mutigen eine Turbo-Rutsche, auf der man flach auf

____ _____ (Rücken) liegend in ____ _____ (Flut)

schießt. Das Gefälle ist ____ _____ (Erwachsene)

meist viel zu steil. Sie gehen lieber in ____ _____ (Ruhe-

zone), um dort auszuspannen. Wer keine Liege mehr bekommt,

legt sein Badetuch auf ____ _____(Rasen). An dieser

Stelle ____ _____ (Bad) stört ____ _____ (Geschrei)

bei ____ _____ (Rutsche) kaum. Nur die laute Stimme

____ _____ (Bademeister) ist von Zeit zu Zeit zu hören,

wenn er durch ____ _____ (Lautsprecher) Gäste

ermahnt, die sich nicht an ____ _____ (Baderegeln)

halten. Auf jeden Fall hat sich ____ _____ (Umbau)

____ _____ (Freizeitanlage) für ____

_____ (Badegast) gelohnt. Wenn es morgen in ____

_____ (Schule) Hitzefrei gibt, werde ich wieder schwim-

men gehen.

3 Bestimme Genus, Numerus und Fall der folgenden Nomen. Manchmal gibt es beim Fall zwei Möglichkeiten. Trage dann beide in die jeweilige Zeile ein.

Nomen	Genus	Numerus	Fall
des Menschen	Maskulinum	Singular	Nominativ
der Katze			
den Gärtnern			
das Boot			
den Lehrerinnen			

4 Bilde Sätze, in denen die Nomen aus der Wortliste vorkommen. Achtung: Zum letzten Nomen müssen zwei Sätze gebildet werden, da zwei Fälle möglich sind.

dem Musiker ▪ den Pferden ▪ des Bildes ▪ der Schwester

_____

_____

_____

_____

_____

_____

_____

_____

_____

Tipp | Manchmal ist es schwierig zu entscheiden, ob das Nomen im Dativ oder im Akkusativ stehen muss. Folgende Fragen helfen dir: Auf „**Wem**?" bzw. „**Wo**?" folgt der **Dativ**, auf „**Wen**?" oder „**Wohin**?" der Akkusativ.
Beispiel:
Ina gibt dem Onkel das Buch. – Wem gibt sie das Buch? = Dativ
Lisa besucht den Onkel. – Wen besucht sie? = Akkusativ
Das Buch liegt auf dem Tisch. – Wo liegt das Buch? = Dativ
Jo legt sich auf das Bett. – Wohin legt er sich? = Akkusativ

5 Ergänze in den folgenden Sätzen die fehlenden Artikel. Entscheide, ob das Nomen im Dativ (D) oder im Akkusativ (A) steht.

a) Heute fahren wir in den Zoo. (A)

b) Der Zoo liegt in _____ Teil der Stadt, den ich gut kenne. (   )

c) Maria sitzt in _____ Apfelbaum auf der linken Seite des Gartens und beobachtet, wie Peter in _____ anderen Baum klettert. (   )

d) Die Tante will mit _____ Kindern spielen und legt das Spielbrett deshalb auf _____ Tisch. (   )

e) Die Oma liest ihren Enkeln aus _____ Märchenbuch vor, das sonst in _____ Kommode aufbewahrt wird. (   )

f) Pia bringt _____ großen Bruder ein Tuch in _____ Garten. (   )

g) Er setzt sich mit _____ Stuhl an _____ gedeckten Tisch. (   )

h) Mit _____ Zug sind wir schneller als mit _____ Bus. (   )

i) Sven fährt mit _____ Rad über _____ Marktplatz. (   )

Fehler-Check

a) **Füge den passenden Artikel in die Lücken ein. Schreibe außerdem die Nomen aus der Wortliste in der richtig gebeugten Form auf die entsprechende Schreiblinie.**

Mountainbike ▪ Geschäft ▪ Preis ▪ Traum ▪ Geschwister ▪ Angebot ▪ Lager

Mein neues Mountainbike

Gestern bin ich mit _____ Eltern und den _____ in

_____ Stadt gefahren, um ein neues _____ für mich zu

kaufen. Die _____ in _____ ersten Geschäft, das wir auf-

suchten, waren sehr günstig. Obwohl mir _____ Farben nicht

gefielen, hätte ich wegen _____dem Wunsch

_____ Eltern fast nachgegeben. Im _____ des

_____ befand sich zum Glück _____ ange-

botene Rad noch in _____ richtigen Farbe. Man muss den _____

und _____ Hoffnung einfach etwas Zeit und Raum geben.

b) **Bestimme Geschlecht, Numerus und Fall der folgenden Nomen.**

das Fahrrad _____

die Farben _____

im Lager _____

Fehler	0–2 Fehler	3–12 Fehler	mehr als 12 Fehler
	Super!	In Ordnung!	Bitte noch einmal üben!

Bestimmter oder unbestimmter Artikel?

An einer Haltestelle „Lindemannstraße" stieg eine Kontrolleur in den ‖

Bus. Der Junge im hinteren Teil des Busses bekam sofort ein roten |

Kopf, weil er ein Ticket, das er gekauft hatte, wohl nicht an einem ‖

Automaten am Eingang des Busses abgestempelt hatte.

Regeln

Artikel, die als Begleiter beim Nomen stehen, können **bestimmt** (der, die, das) oder **unbestimmt** (ein, eine, ein) sein.

1. **Unbestimmte Artikel** werden gebraucht, wenn ein **Nomen zum ersten Mal in einem Text verwendet wird** oder die damit verbundene Information unbekannt und neu ist.
   Beispiel: *In Nachbars Garten steht ein Kirschbaum.*

2. **Der bestimmte Artikel** wird gebraucht, wenn ein **Nomen in einem Text schon einmal vorgekommen** oder die Information bereits bekannt ist.
   Beispiel: *In Nachbars Garten steht ein Kirschbaum.*
   Der Kirschbaum trägt im Frühling tolle Blüten.

Im Singular richten sich der bestimmte und unbestimmte Artikel im Geschlecht und im Fall nach dem Nomen, das sie begleiten. Im Plural kommt der unbestimmte Artikel nicht vor.
Beispiel: *der Hund, das Gebell des Hundes*
eine Blume, der Geruch einer Blume

Übungen

1 Entscheide, ob im Text der unbestimmte oder bestimmte Artikel verwendet werden sollte. Streiche den nicht passenden Lösungsvorschlag deutlich durch.

Stromausfall

Sarah war 11 Jahre alt, als ihre Eltern sie eines/des Abends zum ersten Mal alleine in einer/der Wohnung ließen, weil sie zu einer/der kranken Bekannten gehen wollten. Sarah setzte sich gemütlich in einen/den Fernsehsessel ihres Vaters, um sich einen/den Film im Fernsehen anzusehen. Da gab es plötzlich einen/den lauten Knall und die ganze Wohnung war stockfinster. Ein/Der Knall kam so überraschend, dass Sarah vor Schreck einen/den Schrei ausstieß und ein/das Glas mit Orangensaft, das sie sich kurz zuvor aus einem/dem Kühlschrank geholt hatte, auf einen/den Teppich fallen ließ. Wahrscheinlich hatte es einen/den Kurzschluss gegeben und eine Sicherung war herausgesprungen. Sarah wusste, dass es im Keller einen/den Sicherungskasten geben musste. Sie nahm sich vor, einen/den Kasten im Keller zu suchen. Dunkler als in einem/dem Wohnzimmer konnte es in einem/dem Keller nicht sein. Gerade in einem/dem Augenblick, als sie eine/die defekte Sicherung gefunden hatte, hörte sie einen/den Wagen ihrer Eltern in einer/der Garage. Auch wenn ein/das Licht wieder brannte, war Sarah froh.

2 Vervollständige die Tabelle.

	Nominativ	ein Bauer	eine Geige	ein Pferd
Singular	Genitiv			
	Dativ			
	Akkusativ			

Fehler-Check

Entscheide, ob in den Sprichwörtern der bestimmte oder der unbestimmte Artikel verwendet werden muss.

Deutsche Sprichwörter

_____ blindes Huhn findet auch mal _____ Korn.

Auf _____ Bein kann man nicht stehen.

_____ frühe Vogel fängt _____ Wurm.

_____ Zeit heilt alle Wunden.

_____ nackten Mann kann man nicht in _____ Tasche fassen.

_____ Hand wäscht _____ andere.

_____ Hunger kommt beim Essen.

_____ Klügere gibt nach.

_____ Nagel auf _____ Kopf treffen.

_____ alten Baum verpflanzt man nicht.

	Fehler	0–1 Fehler	2–6 Fehler	mehr als 6 Fehler
		Super!	In Ordnung!	Bitte noch einmal üben!

Pronomen

Personalpronomen: Wiederholungen vermeiden

Ich habe gestern einen Krimi im Fernsehen gesehen. <u>Der Krimi</u> | *Wdh.**

war unglaublich spannend und handelte von zwei Verbrechern.

<u>Die Verbrecher</u> versuchten sich gegenseitig die Schuld zuzu- | *Wdh.*

schieben, als sie gefasst wurden. Beide hatten den Plan für das

Verbrechen ausgeheckt, aber jeder behauptete, der andere habe

<u>den Plan</u> alleine entwickelt und durchgeführt. Die Ermittlungs- | *Wdh.*

beamten wussten nicht, wem sie glauben sollten, da alle ...

* Wdh. = Wiederholungsfehler

Regeln

1. **Personalpronomen** (persönliche Fürwörter) können Nomen oder
   Namen ersetzen, um **Wortwiederholungen zu vermeiden**.
   Beispiel: *<u>Das Fahrrad</u> gehört Bernd. <u>Das Fahrrad</u> war sehr teuer.*
   Besser: <u>Das Fahrrad</u> gehört Bernd. <u>Es</u> war sehr teuer.

2. **Personalpronomen** kommen **im Singular und im Plural in drei
   Personen** vor. Nur in der **3. Person Singular** wird zwischen **Maskulinum**, **Femininum** und **Neutrum** unterschieden. Genau wie Nomen
   können Personalpronomen **in verschiedenen Fällen** auftreten.

		1. Person	2. Person	3. Person		
				Mask.	**Fem.**	**Neut.**
Singular	**Nominativ**	ich	du	er	sie	es
	Genitiv	meiner	deiner	seiner	ihrer	seiner
	Dativ	mir	dir	ihm	ihr	ihm
	Akkusativ	mich	dich	ihn	sie	es

		1. Person	2. Person	3. Person
Plural	**Nominativ**	wir	ihr	sie
	Genitiv	unser	eurer	ihrer
	Dativ	uns	euch	ihnen
	Akkusativ	uns	euch	sie

Tipp | Ersetze nur dort Namen oder Nomen durch Personalpronomen, wo der Bezug eindeutig ist! Sonst kann es zu Missverständnissen kommen.
Beispiel: *Der Hund biss solange in den Luftballon, bis er platzte.*

Übungen

① Schreibe die folgenden Sätze als zusammenhängenden Text ab. Ersetze dabei Nomen oder Namen durch passende Personalpronomen, wenn es sinnvoll ist.

Unfreiwillige Zeugen
- Kai und Lars hatten beobachtet, wie zwei maskierte Männer in die Bank einstiegen.
- Kai und Lars kamen zufällig beim Gassi gehen mit ihrem Hund Rex an der Bank vorbei.
- Rex schlug an, als Kai und Lars sich der Bank näherten.
- Kai wollte sofort umkehren, aber Lars forderte ihn zum Bleiben auf.
- Kai war kein Angsthase, meinte aber, es sei besser Hilfe zu holen.
- Gemeinsam versuchten Kai und Lars, Rex zu beruhigen, damit die Einbrecher nicht auf sie aufmerksam wurden.
- Noch schienen die Einbrecher aber nicht bemerkt zu haben, dass sie beobachtet wurden.
- Der größere Mann half dem kleineren beim Einstieg in ein aufgebrochenes Fenster der Bank.
- Mit dem Rücken an die Wand gelehnt, bildete der größere Mann mit den Händen eine Art Trittleiter.
- Lars wollte noch dichter an das Bankgebäude heran, als auch der größere Mann schließlich im Fenster verschwunden war.

2 Füge die richtige Form des Personalpronomens in die Lücken ein. Beachte dabei, in welchem Fall das Personalpronomen stehen muss.

a) Der größere Mann half __ihm__ beim Einsteigen. (der kleinere Mann)

b) Im Fenster stehend zog er _____ zu sich hoch. (der größere Mann)

c) Die Einbrecher hatten _____ noch nicht bemerkt. (die Jungen)

d) Aus der Entfernung schauten wir _____ zu. (die Einbrecher)

e) Wir hielten _____ die Schnauze zu. (Rex, der Hund)

f) Jetzt konnte _____ nur noch leise winseln. (Rex)

3 Lies Kais Zeugenaussage. Entscheide, ob besser ein Personalpronomen zu verwenden ist oder nicht. Streiche den weniger gut passenden Vorschlag durch.

Kais Bericht

Lars und ich/Wir haben gestern Abend zufällig zwei Männer in der Nähe der Sparkasse an der Scharnhorststraße beobachtet. Die Männer/Sie fielen Lars und mir/uns auf, weil unser Hund Rex plötzlich zu knurren begann. Rex/Ihm und Lars und mir/uns kam das Verhalten der Männer sofort sehr merkwürdig vor. Lars/Er wollte unbedingt alles ganz genau aus der Nähe beobachten. Ich konnte Lars/ihn einfach nicht aufhalten, sich unnötig in Gefahr zu begeben. Rex/Er war auch kaum zu beruhigen und hätte Lars und mich/uns fast verraten. Ich wollte diesen Männern/ihnen in der Dunkelheit auf keinen Fall zu nahe kommen. Zum Glück hat die Alarmsirene die Männer/sie vertrieben, bevor etwas Schlimmeres passiert ist.

Fehler-Check

a) **Unterstreiche, wo eine Wortwiederholung durch die Verwendung eines Personalpronomens vermieden werden kann.**
b) **Kreise ein, wo ein Personalpronomen durch ein Nomen ersetzt werden muss, da sonst Missverständnisse entstehen.**

Julia als Kommissarin

Gestern Nachmittag war Julia in der Stadt, denn morgens hatte Julia in einem Prospekt eine Bluse und eine Hose entdeckt. Sie war in ihrer Größe aber leider schon ausverkauft. Wenigstens gab es die Hose noch. An der Kasse stellte Julia sich mit der Hose in die Schlange. Sie war zum Glück nicht zu lang. Während des Wartens beobachtete sie zufällig eine gut gekleidete Frau. Sie war ziemlich überrascht. Sie steckte blitzschnell einen Pullover unter ihren Mantel. Er war recht dünn, sodass der Pullover unter dem Mantel kaum auffiel. Gerade als sie ihr folgen wollte, fiel ihr die noch nicht bezahlte Hose wieder ein. Sie stellte sich vor, was wäre, wenn plötzlich ein Hausdetektiv auftauchte: Der Hausdetektiv könnte Julia für eine Diebin halten. Mit der unbezahlten Hose in der Hand müsste dem Hausdetektiv Julias Verhalten verdächtig vorkommen. Julia wurde durch Geschrei aus ihren Gedanken gerissen. Die junge Frau mit dem Pullover unter dem Mantel war von einer Kassiererin gestoppt worden. Sie war dabei ziemlich aufgeregt und wurde laut. „Gut, dass ich ihr nicht gefolgt bin", dachte sie, als sie das Kaufhaus verließ.

	Fehler	0–3 Fehler	4–9 Fehler	mehr als 9 Fehler
		Super!	In Ordnung!	Bitte noch einmal üben!

Possessivpronomen: Zuordnungen schaffen

> Unser Familie ist im Urlaub. Schon am ersten Tag hat   I
>
> sich meine Bruder verletzt, als er mit seinen Roller gestürzt   II
>
> ist. Der Roller gehörte früher einmal mich, aber ich ...   I

Regel

Die **Possessivpronomen** (besitzanzeigende Fürwörter) *mein, dein, sein/ ihr und unser, euer, ihr* **klären Besitzverhältnisse eindeutig.**
Beispiel: *Auf dem Tisch liegt ein Buch. Auf dem Tisch liegt mein Buch. Sein Buch steht noch im Regal.*

Übungen

1 Im Text auf Hannahs Postkarte fehlen noch die richtigen Possessivpronomen. Setze sie ein. Achte darauf, dass sie im Numerus und im Fall zu dem Nomen passen, zu dem sie gehören.

Liebe Nadja,

leider habe ich _____ letzten Brief erst heute lesen können. Für

zwei Wochen war ich mit _____ Schwester und _____ Eltern

nämlich in Südfrankreich. Auf dem Bild siehst du _____ Hotel, in

dem wir gewohnt haben. Stell dir einmal vor, am Strand, der zu

_____ Hotel gehörte, habe ich _____ ehemalige Mitschü-

lerin Anne aus der 6 b getroffen. Sie wohnte mit _____ Eltern

zufällig im selben Hotel.

Liebe Grüße von Hannah

2 Unterstreiche zunächst alle Possessivpronomen. Schreibe die Sätze dann ab und verwende die Possessivpronomen im Plural. Achtung: Es müssen die Nomen und teilweise auch die Verben angepasst werden.

a) In die Ferien fahre ich immer mit <u>meinem</u> Bruder.

In die Ferien fahre ich immer mit meinen Brüdern.

b) Die Campingausrüstung leihen wir uns bei unserem Freund.

c) Das Zelt meines Bruders ist etwas größer, da sonst seine Luftmatratze nicht hineinpasst.

d) Für seinen Rucksack ist trotzdem kaum noch Platz.

e) Deine Wanderkarte hat uns schon gute Dienste geleistet.

Tipp | Zu jedem Personalpronomen gibt es ein Possessivpronomen:
ich = mein, du = dein, er = sein, sie = ihr, es = sein,
wir = unser, ihr = euer, sie = ihr.
Beispiel: <u>Es</u> *(das Kind) weint, weil* <u>sein</u> *Spielzeug kaputt ist.*

3 Füge die Possessivpronomen ein, die zu den unterstrichenen Personalpronomen passen.

a) Wenn <u>ich</u> in diesem Urlaub das Surfen lerne, geht einer _____ größten Wünsche in Erfüllung.

b) Falls <u>wir</u> alle die Surf-Prüfung schaffen, werden wir _____ Erfolg ordentlich feiern.

c) Ohne Zweifel wird <u>sie</u> _____ Bestes geben.

d) <u>Ihr</u> müsst euch genauso anstrengen, um_____ Surfscheine zu bekommen.

e) Auch <u>du</u> freust dich, wenn _____ Anstrengungen sich am Ende gelohnt haben.

Fehler-Check

**Ergänze die Lücken in Sandras Reisetipp für die Schülerzeitung.
Setze dazu die passenden Possessivpronomen ein.**

Freizeit am Gardasee

Der Gardasee in Italien ist _____ ideales Urlaubsziel. Wenn ihr nicht

nur den ganzen Tag am Strand _____ Hotels in der Sonne liegen

wollt, könnt ihr in der Surfschule am See _____ Surfschein machen

oder eine geführte Tour mit _____ eigenen Mountainbikes erleben.

Vor dem Start überprüfen die Betreuer die Tauglichkeit _____ Bikes

und zeigen euch, in welcher Position sich _____ Lenker und _____

Sattel befinden sollten. Sie führen _____ Job immer sehr gewissen-

haft aus, da sie für _____ Vergnügen und _____ Gesundheit

verantwortlich sind. _____ Erfahrung ist _____ Garantie für ein

tolles Erlebnis. Für mich war allerdings _____ erste Bergtour das

größte Erlebnis bei _____ letzten Urlaub am Gardasee. Gemeinsam

mit _____ älteren Schwester sind wir mit dem Sessellift direkt

neben _____ Hotel zur Bergstation gefahren. Vor der Auffahrt

hat _____ Bergführerin _____ Ausrüstung gründlich überprüft.

Für _____ Schwester und mich war das der Start zu einem span-

nenden Abenteuer. Wir werden _____ nächsten Urlaub wieder am

Gardasee verbringen.

☐ Fehler	**0–1 Fehler** Super!	**2–6 Fehler** In Ordnung!	**mehr als 6 Fehler** Bitte noch einmal üben!

3 Adjektive

Adjektive richtig verwenden

Gestern besuchten wir die groß*en* Modellbau-Messe in der Stadt. |

Die unzählig Stände in den riesig Hallen verwirrten mich am ||

Anfang schon. Alles war für mich neu und aufregen*de*. |

Regeln

Adjektive beschreiben Eigenschaften und Merkmale von Lebewesen, Dingen, Tätigkeiten, Vorgängen und Zuständen.
Beispiel: *Dieses Schiffsmodell gefällt mir gut. Das neue Schiffsmodell gefällt mir gut.*

Adjektive treten an zwei Stellen im Satz auf:

1. Sie **bestimmen ein Nomen oder einen Namen näher** (attributiver Gebrauch) und werden dekliniert. Sie verändern sich also in Numerus, Genus und im Fall.
   Beispiel: *Der einfache Bauplan gehört zum Bausatz.*

2. Sie **bestimmen Tätigkeiten genauer** (prädikativer Gebrauch) und werden nicht dekliniert. Besonders die Verben *sein*, *werden* und *machen* werden durch Adjektive ergänzt.
   Beispiel: *Der Bauplan zum Bausatz ist einfach.*

Übungen

1 Unterstreiche im folgenden Text alle Adjektive, die attributiv gebraucht werden. Kreise die Adjektive ein, die prädikativ gebraucht werden.

Startschwierigkeiten auf der Modellbau-Messe

Wir hatten uns einen schlechten Tag für unseren Besuch auf der Modellbau-Messe ausgesucht. Es war ein besonders heißer Tag und die lange Anfahrt mit dem überfüllten Zug war fürchterlich. In dem ausgebuchten Zug funktionierte die Klimaanlage nicht. Verschwitzt machten wir uns vom Bahnhof aus auf den ausgeschilderten Weg zum Messegelände. Der Fußweg war kurz, aber vor den wenigen Kassen, die geöffnet waren, standen überall lange Schlangen. Das endlose Warten in der Schlange war langweilig und wir waren müde, als wir endlich die weitläufigen Hallen mit den interessanten Ständen betreten konnten. Eine nette Dame in blauer Uniform überreichte uns am Informationsstand einen farbigen und übersichtlichen Lageplan zur schnellen Orientierung auf dem riesigen Gelände.

2 Setze die folgenden Adjektive in der passenden Form in die Lücken ein. Die Reihenfolge der Adjektive stimmt bereits.

spannend ▪ kühl ▪ klein ▪ zahlreich ▪ schwer ▪ farbig ▪ umfang-reich ▪ neu ▪ neugierig ▪ aktuell ▪ rund ▪ ferngesteuert ▪ überfüllt ▪ frei ▪ geschickt ▪ versperrt ▪ traumhaft

Alles war ziemlich _____, aber wir mussten uns erst bei

einem _____ Getränk in einem der _____Cafés

auf dem Messegelände erholen. An den anderen Tischen saßen schon

_____ Besucher, die _____ Plastiktüten auf die

Tische gewuchtet hatten, in denen sich _____ Prospekte

und _____ Informationsmaterial zu _____ Model-

len befanden. Das machte uns sehr _____ auf

das _____ Angebot und wir wollten mit dem Rundgang

durch die Hallen beginnen. Zunächst nahmen wir uns vor, die Halle

mit dem _____ Wasserbecken aufzusuchen, um die_____

_____ Schiffsmodelle in Aktion zu sehen. Die Halle

war _____ und der _____ Blick auf die _____

_____ Manöver der Modellkapitäne war teilweise _____.

Was wir zu sehen bekamen, war aber _____.

Tipp | Attributiv verwendete Adjektive richten sich im Genus, Numerus und im Fall nach dem Nomen oder Eigennamen zu dem sie gehören.

3 Ergänze nach dem Beispiel für das Maskulinum in der Tabelle die fehlenden Formen für Femininum und Neutrum auf der nächsten Seite.

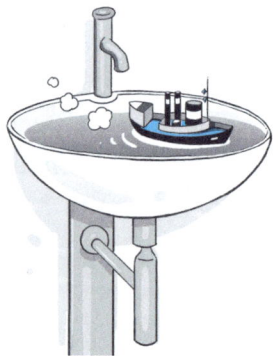

		Maskulinum
Singular	**Nominativ**	der kleine Dampfer
	Genitiv	des kleinen Dampfers
	Dativ	dem kleinen Dampfer
	Akkusativ	den kleinen Dampfer
Plural	**Nominativ**	die kleinen Dampfer
	Genitiv	der kleinen Dampfer
	Dativ	den kleinen Dampfern
	Akkusativ	die kleinen Dampfer

		Femininum	Neutrum
Singular	**Nominativ**	die schnelle Fähre	das schöne Boot
	Genitiv	der schnellen Fähren	
	Dativ		
	Akkusativ		
Plural	**Nominativ**		
	Genitiv		
	Dativ		
	Akkusativ		

4 Notiere in den Klammern in welchem Genus die Adjektive im Text verwendet werden. Verwende diese Abkürzungen: Maskulinum = Mask., Femininum = Fem., Neutrum = Neut.

Wettstreit der Schiffsmodelle

Ein Höhepunkt dieser unterhaltsamen (Fem.) Veranstaltung waren

die spannenden ( ) Wettkämpfe in den verschiedenen ( )

Bootsklassen. Bei den wendigen ( ) Segelschiffen kam es weni-

ger auf die hohe ( ) Geschwindigkeit, sondern vielmehr auf die

möglichst schnelle ( ) Wende beim Umfahren der roten ( )

und blauen ( ) Bojen an. Die kleinen ( ) Kapitäne der eher

schwerfälligen ( ) und sehr breiten ( ) Tanker mussten

zeigen, dass sie im engen ( ) Hafenbecken gut manövrieren

konnten.

Tipp | Bei der Verwendung des unbestimmten Artikels „ein" lautet die Endung des Adjektivs beim Maskulinum „-er" und beim Neutrum „-es" und nicht nur „-e" wie bei der Verwendung von bestimmten Artikeln.
Beispiel: *der schnelle Wagen – ein schneller Wagen*
das schöne Modell – ein schönes Modell

5 Ergänze die richtigen Endungen der Adjektive.

a) Mir gefielen die elegant   Segelschiffe besonders gut.

b) Mein Freund fand die laut   und schnell   Sportboote besser.

c) Aus den Kabinen des groß   Luxusdampfers fiel ein hell

    Lichtschein auf die blank   Wasseroberfläche.

d) Ein breit   Containerboot besaß sogar einen elektrisch
Kran.

e) Der alt   Viermaster war ein sehr teur   Liebhabermodell.

f) Mit sicher   Hand steuerte die stolz   Besitzerin ein lang

    U-Boot in das schmal   Hafenbecken.

g) Die begeistert   Zuschauer sparten nicht mit kräftig

    Applaus und lobend   Kommentaren.

h) Ich kaufte einen nicht sehr anspruchsvoll   Bausatz für ein

    niedlich   Floß aus künstlich   Baumstämmen.

i) Ein hübsch   Mast mit einem faltbar   Segel gehörte ebenfalls zum Lieferumfang.

j) Ein passend   Ständer war als Zubehör erhältlich.

k) Nach lang   Basteln hatte ich ein klein   , fahrtüchtiges Floß.

Fehler-Check

a) **Unterstreiche alle attributiv gebrauchten Adjektive. Kreise die prädikativ gebrauchten Adjektive ein.**

Sowohl die winzigen als auch die großen Motorradmodelle in Halle 4 waren einmalig. Die dicken Reifen auf blanken Chromfelgen und die gewaltigen Auspuffrohre waren anziehend und wurden vom fachkundigen Publikum bestaunt. Es war unvorstellbar, dass ein Großteil der feinen Bauteile beweglich war. Selbst die zierlichen Spiegel waren in Höhe und Neigung verstellbar. Der Wechsel zwischen matter und glänzender Farbe auf den Bauteilen war aufwendig, aber gelungen.

b) **Ergänze die richtigen Endungen der Adjektive.**

Eine schwarz   BMW mit silbern   Streifen fesselte unsere

vollständig   Aufmerksamkeit. Beweglich   Räder und eine

funktionsfähig   Lenkung mit richtig   Federung gehörten zum

umfangreich   und kostspielig   Bausatz. Die weich   Sitz-

bank und die beheizbar   Griffe waren aus echt   Leder. Die

zierlich   Blinker und der groß   Scheinwerfer leuchteten, wenn

ein versteckt   Hebel neben dem beschriftet   Nummernschild

mit spitz   Fingern betätigt wurde. Ein beleuchtet   Display im

schick   Tacho rundete den hochwertig   Gesamteindruck ab.

☐ Fehler	0–4 Fehler	5–15 Fehler	mehr als 15 Fehler
	Super!	In Ordnung!	Bitte noch einmal üben!

Gesteigerte Adjektive: Eigenschaften betonen

Miniaturmodelle sind noch viel kleine als die üblichen Modelle.   I

Die am meisten kleinen Modelle sind nicht viel größer als ein   I A*

Stecknadelkopf. Je winzig die Modelle sind, um so mehr groß   II A

ist der Aufwand für ihre Herstellung. Selbst die winzigste Teile ...   I

*A = Ausdrucksfehler

Regeln

1. Mit **attributiv verwendeten Adjektiven** lassen sich **Eigenschaften** oder Merkmale von Lebewesen, Dingen oder Tätigkeiten nicht nur **genauer beschreiben**, sie können auch **durch Steigerung besonders betont** werden. Es gibt **drei Steigerungsstufen:**
   – Grundstufe (**Positiv**): *Das schnelle Boot gehört Marius.*
   – 1. Steigerungsstufe (**Komparativ**): *Das schnellere Boot gehört Ina.*
   – 2. Steigerungsstufe (**Superlativ**): *Das schnellste Boot gehört Anna.*

2. So werden attributiv gebrauchte Adjektive bei der Steigerung dekliniert:

	Positiv	Komparativ	Superlativ
Maskulinum	der lange Mast	der längere Mast	der längste Mast
	des langen Mastes	des längeren Mastes	des längsten Mastes
	dem langen Mast	dem längeren Mast	dem längsten Mast
	den langen Mast	den längeren Mast	den längsten Mast
	die der } langen dem } Masten den	die der } längeren dem } Masten den	die der } längsten dem } Masten den

	Positiv	Komparativ	Superlativ
Femininum	die schnelle Bahn	die schnellere Bahn	die schnellste Bahn
	der schnellen Bahn	der schnelleren Bahn	der schnellsten Bahn
	der schnellen Bahn	der schnelleren Bahn	der schnellsten Bahn
	die schnelle Bahn	die schnellere Bahn	die schnellste Bahn
	die der schnellen dem Bahnen den	die der schnelleren dem Bahnen den	die der schnellsten dem Bahnen den

	Positiv	Komparativ	Superlativ
Neutrum	das kleine Modell	das kleinere Modell	das kleinste Modell
	des kleinen Modells	des kleineren Modells	des kleinsten Modells
	dem kleinen Modell	dem kleineren Modell	dem kleinsten Modell
	das kleine Modell	das kleinere Modell	das kleinste Modell
	die der kleinen dem Modelle den	die der kleineren dem Modelle den	die der kleinsten dem Modelle den

Übung

1 Fülle die Lücken, indem du die Adjektive in Klammern richtig steigerst. Achtung: Manchmal gibt es zwei Möglichkeiten.

Kai besitzt einen ziemlich _____ (groß) Tanker als Modell.

Auf der Messe möchte er sich einen noch _____ (groß)

Tanker kaufen. Die _____ (klein) Tankermodelle interessieren

ihn nicht. Lieber hätte er den _____ (groß) Tanker als Bausatz.

Dieser ist aber das _____ (teuer) Modell. Kai will noch etwas

sparen, um später doch das _____ (groß) Schiff zu kaufen.

Regel

Auch **prädikativ verwendete Adjektive** werden **gesteigert**.

Beispiel: Anna ist größer als Jonas, aber sie ist kleiner als Svenja.

Es werden folgende **Steigerungsstufen** unterschieden:

- Grundstufe (**Positiv**): *Der Motor ist stark .*
- 1. Steigerungsstufe (**Komparativ**): *Der Motor ist stärker als die meisten anderen.*
- 2. Steigerungsstufe (**Superlativ**): *Der Motor dieses Rennboots ist am stärksten.*

Übungen

2 Ergänze die Liste.

Positiv	Komparativ	Superlativ
klein	kleiner	am kleinsten
reich	reicher	
arm		
weit		
kurz		
alt		
dumm		
faul		
tief		
laut		
leise		

Tipp | Wenn in der Grundform des Adjektivs ein **a**, **o** oder **u** vorkommt, wird daraus im Komparativ **ä**, **ö** oder **ü**.
Beispiel: *alt–älter, groß – größer, klug – klüger*
Bei einigen Adjektiven muss bei der Bildung von Komparativ und Superlativ die Schreibweise beachtet werden.`
Beispiel: *sauer – saurer – am sauersten*
hübsch – hübscher – am hübschesten

3 In den folgenden Sätzen wird immer etwas verglichen. Fülle die Lücken, indem du die Adjektive in der richtig gesteigerten Form einsetzt.

a) Die großen Bausätze mit mehr als 100 Einzelteilen sind in der Regel

_____ (teuer) als Modelle mit weniger Teilen.

b) Die großen Bausätze lassen sich meistens _____

(schwierig) zusammenbauen als die kleinen.

c) Bei den weniger aufwendigen Modellen ist man dafür _____

(schnell) fertig und kann sich _____ (früh) über das

Ergebnis freuen.

d) Anfängern im Modellbau kann man es etwas _____

(leicht) machen, wenn man Bausätze mit höchstens 50 Teilen kauft.

4 Füge die folgenden Adjektive in der richtig gesteigerten Form in die Lücken ein. Einige werden attributiv, andere prädikativ verwendet.

~~groß~~ ▪ klein ▪ schwer ▪ sicher ▪ aufwendig ▪ lang ▪ leicht ▪

einfach ▪ weit

Leicht- und Schwergewichte

Alle Modelle im Maßstab 1:15 sind nach dem Zusammenbau immer

größer als Modelle im Maßstab 1:32. Vor allem Schiffsmodelle aus

Metall sind aufgrund des Baumaterials natürlich _____ als

vergleichbare Modelle aus Holz. Die Metallschiffe sind am

_____ zu transportieren, da sie nicht so schnell beschä-

digt werden können.

Die _____ Modelle aus dünnem Balserholz wiegen gerade

einmal 150 Gramm. Die _____ Modelle haben ungefähr die

Größe eines Stecknadelkopfes. Für die Modelle ist es auf jeden Fall

am _____, wenn sie bei _____

Transporten besonders sorgfältig in stabilen Kisten verpackt werden.

Die _____ Schiffe lassen sich meistens in der Mitte teilen,

da man sie sonst nicht in einem normalen Auto transportieren könnte.

Viele Schiffsmodell können sogar in mehrere Teile zerlegt werden. Der

Transport dieser Modelle ist am _____.

Fehler-Check

Fülle die Lücken, indem du die Adjektive richtig steigerst. Stellenweise wird vorgeben, welche Steigerungsstufe du verwenden musst (Komp. = Komparativ, Sup. = Superlativ).

Bei den Flugzeugmodellen

Die _____ (klein/Komp.) Flugzeugmodelle waren in Halle 2a

und die _____ (groß/Komp.) in Halle 2b zu sehen. Wer

also die _____ (groß/Sup.) Modelle sehen wollte, konnte

diese natürlich nur in der Halle 2b finden. Am _____ (toll)

war, dass jeder gleich am Eingang den Bausatz für ein _____

(klein/Komp.) Modell geschenkt bekam. _____ (Schön)

konnte es also kaum noch werden. An den meisten Ständen waren fertig

zusammengebaute Modelle an _____ (dünn/Sup.)

Fäden aufgehängt, damit es so aussah als ob sie wirklich flögen. Für

etwas _____ (schwer) Flugzeuge mussten die Fäden

natürlich _____ (dick/Komp.) sein.

 Im Außenbereich vor der Halle zeigten erfahrene Modellbesitzer

die _____ (spannend/Sup.) Flugkunststücke. Wer bereits

Erfahrung mit der Funksteuerung von Flugmodellen hatte, durfte selber

eins der _____ (stabil/Komp.) Modelle fliegen.

	Fehler	0–1 Fehler	2–5 Fehler	mehr als 5 Fehler
		Super!	In Ordnung!	Bitte noch einmal üben!

Gesteigerte Adjektive: Stolpersteine

> Am meisten gut ist, dass man mit Modelleisenbahnen richtig spielen   I
>
> kann. Meine gernste Beschäftigung ist das Rangieren mit langeren   II
>
> Zügen im Betriebsbahnhof. Die riesengrößte Modellbahn hat der Va-   I
>
> ter eines meiner Freunde in seinem Garten. Eine einmaligere Gestal-   I
>
> tung der Landschaft kann man sich nicht vorstellen. Alles passt so ...

Regeln

Es gibt einige Besonderheiten bei der Steigerung von Adjektiven:

1. Einige Adjektive werden unregelmäßig gesteigert.
    Beispiel: *gut – besser – am besten, viel – mehr – am meisten,*
    nah– näher – am nächsten, hoch – höher – am höchsten

2. Adjektive, deren Bedeutung eine Vergleichsform ausschließt, können
    nicht gesteigert werden.
    Beispiel: *rund, ledig, tot, einzig*
    Auch Adjektive, die auf „los" enden, können nicht gesteigert werden.
    Beispiel: *zahnlos, wertlos, grundlos*

Übungen

① Schau dir die Steigerungsformen in der Tabelle genau an. Trage dann
in die Liste unter der Tabelle die Grundform der Adjektive ein, auf die
die genannte Besonderheit zutrifft.

Positiv	Komparativ	Superlativ
viel	mehr	am meisten der/die/das meiste
sauer	saurer	am sauersten der/die/das sauerste

Positiv	Komparativ	Superlativ
hoch	höher	am höchsten der/die/das höchste
dunkel	dunkler	am dunkelsten der/die/das dunkelste
gern	lieber	am liebsten der/die/das liebste
groß	größer	am größten der/die/das größte
gut	besser	am besten der/die/das beste
nahe	näher	am nächsten der/die/das nächste
teuer	teurer	am teuersten der/die/das teuerste

Bei der Steigerung tritt eine Besonderheit auf, weil …

a) bei der Bildung von Komparativ und Superlativ Umlaute verwendet

werden: <u>hoch,</u>_____

b) der Komparativ nicht nur durch die Endung „er", sondern „rer"

gebildet wird: _____

_____

c) sich die Schreibweise des Adjektivs bei der Bildung des Superlativs

im Vergleich zur Grundform verändert: _____

_____

d) der Komparativ und Superlativ mit einem ganz anderen Wort

gebildet werden als die Grundform: _____

_____

2 Fülle die Lücken, indem du die Adjektive in Klammern steigerst.
Stellenweise ist vorgegeben, welche Steigerungsstufe du verwenden musst (Komp. = Komparativ, Sup. = Superlativ).

Kleine Züge ganz groß

Auf der Messe strömten die _____ (viel) Besucher in die Halle,

in der die Modelleisenbahnen ausgestellt waren.

Die _____ (klein/Sup.) und die _____ (groß/Sup.)

Züge lockten die Menschen gleichermaßen an. Die meisten Modell-

bauer sind schließlich am _____ (gern) immer noch Hobby-

Lokführer.

Besonderes Interesse fanden die Miniaturzüge, obwohl sie auch die

_____ (teuer/Komp.) waren. Ganz zufällig trafen wir in dieser

überfüllten Halle einen _____ (nahe/Komp.) Bekannten, der

zu Hause in seinem Keller die _____ (groß) Modelleisenbahn-

anlage aufgebaut hat, die ich je gesehen habe. Das ganze Jahr über

beschäftigt er sich mit dem Ausbau dieser Anlage. Vor allem aber im

Winter, wenn es früh _____ (dunkel/Komp.) wird, verbringt

er _____ (viel/Komp.) Zeit bei seiner Eisenbahnanlage als

sonst. Es ist bereits jetzt _____ (hoch) Zeit, dass er über eine

Erweiterung des Kellerraums nachdenkt. Die Züge fahren schon länger

auf mehreren Ebenen. Auf den unteren Ebenen der Anlage befinden

sich _____ (viel/Sup.) Abstellgleise.

3 Welche Adjektive in der Tabelle können gesteigert werden und welche nicht? Trage die Steigerungsformen ein oder streiche die Felder.

Positiv	Komparativ	Superlativ
lieb	lieber	am liebsten
tot	–	–
hell		
ledig		
flach		
schwarz		
leblos		
stumm		
kurz		
heiß		
einzig		
wertlos		
kalt		
rund		
rot		
einmalig		

Fehler-Check

Kreuze an: Sind die unterstrichenen Steigerungsformen richtig oder nicht?

Beispielsatz	richtig	falsch
Der Bahnhof ist noch die <u>lebloseste</u> Gegend auf meiner Anlage.		
Der Triebwagen ist <u>röter</u> als der Regionalexpress.		
Das ist der <u>röteste</u> Zug, den ich besitze.		
10 Zentimeter misst der <u>am meisten hohe</u> Mast der Oberleitung.		
Dieser Tunnel ist <u>dunkelerer</u> als andere.		
<u>Schwärzer</u> kann es in einem Tunnel einfach nicht sein.		
Die <u>winzigste</u> Lokomotive ist so groß wie eine kleine Münze.		
Die Gastanks auf dem Waggon sind <u>ründer</u> als die anderen Tanks.		
Mehrere Züge gleichzeitig zu steuern, ist das <u>einmaligste</u> Erlebnis.		
Kleine Modelle sind in der Regel <u>teurer</u> als große.		
Der Bistrowaggon ist der <u>einzigste</u> Wagen mit Beleuchtung.		
Er ist auch der <u>teuerste</u> Wagon, den ich besitze.		
Nichts ist <u>schöner</u> als die kleinen Kapelle auf meiner Anlage		
<u>Am meisten gut</u> funktioniert die elektronische Steuerung.		
Jens und Lena sind immer <u>am stümmsten</u>, wenn sie mit ihrer Eisenbahn beschäftigt sind.		

	0–1 Fehler	2–7 Fehler	mehr als 7 Fehler
☐ Fehler	Super!	In Ordnung!	Bitte noch einmal üben!

Keine Probleme mehr mit „wie" oder „als"

Lokomotivmodelle sind nicht schwerer zusammenzubauen <u>wie</u> Schiffs- /

oder Flugzeugmodelle. Sie sind etwa genauso teuer <u>als</u> die anderen /

Modelle. Für den Zusammenbau der Dampfloks benötigt man länger

<u>wie</u> für den Bau von E-Loks. Die Dampfloks bestehen nämlich aus viel /

mehr Teilen <u>wie</u> alle anderen Zugmodelle. Das Bemalen der fertigen /

Modelle ist bei den E-Loks deshalb deutlich einfacher als bei den Dampf-

Regeln

1. Soll **Gleichheit** von etwas ausgedrückt werden, benutzt man „wie".
   Beispiel: *Dieses Modell ist <u>so teuer wie</u> alle anderen.*

2. Wird durch die Verwendung eines Komparativs (z.B. besser, schlech-
   ter, kleiner) **Ungleichheit** ausgedrückt, verwendet man „als".
   Beispiel: *Diese Modelleisenbahn ist <u>größer als</u> die anderen.*
   Sie gefällt mir deshalb <u>besser als</u> die anderen Bausätze.

Übungen

1 Entscheide, ob „wie" oder „als" verwendet werden muss. Streiche das falsche Vergleichswort.

Kampf der Lokomotiven

Der Zusammenbau von Lokomotivmodellen ist genauso interessant und unterhaltsam wie/als der von anderen Modellbausätzen. Für Lokomotiven, die nach dem Zusammenbau richtig fahren können, benötigt man mehr Zeit und Erfahrung wie/als für Loks, die später nur in einem Schaukasten stehen sollen. Die Auswahl des passenden Modells muss ebenso gut überlegt sein wie/als bei den Schiffs- oder Flugzeugmodellen. Fahrbare Lokomotiven müssen zur eigenen Modellbahnanlage passen. Ein Gelände mit größeren Steigungen zum Beispiel erfordert zum Ziehen der Waggons kräftigere Loks wie/als flaches Gelände. Dampfloks mit mehr als acht Achsen sind auf jeden Fall stärker wie/als die Modelle mit weniger Achsen.

Moderne Diesellokomotiven sind allerdings auch nicht schwächer wie/als die alten Dampflokomotiven. Sie können ebenso viele Waggons ziehen wie/als die größeren dampfgetriebenen Ungetüme. Wegen des Umweltschutzes haben Elektroloks heute die Diesellokomotiven fast überall abgelöst. Obwohl sie nicht größer sind wie/als die Dieselloks, können sie meistens mehr Waggons an einer Steigung ziehen wie/als die Dieselfahrzeuge. Genauso wie/als in der Wirklichkeit müssen die Lokomotiven auf einer Modellbahnanlage für Steigungsstrecken mehr Kraft aufwenden wie/als für Fahrten im flachen Gelände. Bei der Planung einer Anlage ist es deswegen wichtiger, auf den Grad der Steigung zu achten wie/als auf die Länge des Anstiegs.

2 Vergleiche die beiden Lokomotiven in der Abbildung miteinander.
Verwende dabei die Vergleichswörter „wie" und „als".

Die Dampflok ist etwa genauso lang wie ...

_____

_____

_____

_____

_____

_____

_____

_____

_____

_____

_____

Fehler-Check
Ergänze die Lücken im Text durch „wie" oder „als".

Herr der Landschaft

Mir macht das Gestalten der Landschaft auf meiner Modellbahnanlage

mehr Spaß _____ das Verlegen neuer Gleise. Für mich ist der Gesamt-

eindruck der Anlage spannender _____ der reibungslose Fahrbetrieb.

Genauso wichtig _____ die genaue Planung ist dabei ein sehr sorg-

fältiges Arbeiten. Unsauber zusammengeklebte Häuser fallen schließlich

mehr auf _____ alles andere. Gute Ideen zur Aufstellung der fertigen

Bauwerke sind natürlich nicht weniger wichtig _____ die saubere

Verarbeitung. Aus der Entfernung betrachtet soll später alles

_____ echt wirken. Dazu trägt die Ausgestaltung mit kleinen Figuren

und Fahrzeugen viel bei. Belebte Straßen und Plätze wirken einfach

besser _____ leere Häuserzeilen. Ein Marktplatz auf der Modellbahn-

anlage muss für mich aussehen wie ein Standbild aus einem Film, der auf

einem Markt spielt. Unterschiedliche Gruppen sehen immer schöner aus

_____ eine Ansammlung gleicher Figuren. Die Anzahl der Figuren und

Marktstände ist dabei mindestens so wirkungsvoll _____ die richtige

Anordnung. Lieber ein paar Figuren und Buden weniger _____ am

Ende zu viele. Mit etwas Beleuchtung wirken die kleinen Szenen gleich viel

lebendiger _____ ohne künstliches Licht.

____ Fehler	**0–1 Fehler** Super!	**2–5 Fehler** In Ordnung!	**mehr als 5 Fehler** Bitte noch einmal üben!

Verben

Subjekt und Verb aufeinander abstimmen

Die Zirkusvorstellung <u>beginnen</u> gleich. Ein Clown im Frack und der |

Kassierer <u>zeigt</u> den letzten Gästen ihre Plätze. Ein Vater und seine |

kleine Tochter <u>läuft</u> nervös durch die Sitzreihen, weil sie ihre Sitzplät- |

ze nicht <u>findet</u>. Der Clown und ein Zuschauer <u>hilft</u> ihnen, denn die ||

Kapelle über dem Manegeneingang <u>spielen</u> schon. Hinter dem Vorhang |

warten die Artisten darauf, dass im Saal die Lichter <u>ausgeht</u>. Ich <u>lieb</u> ||

diese Spannung zu Beginn einer Vorstellung ganz besonders und ...

Regel

Verben verändern ihre Form, d.h. sie werden **konjugiert** (gebeugt).
<u>**Verben**</u> richten sich **im Numerus und in der Person nach dem <u>Subjekt</u>**, zu
dem sie gehören.
Beispiel: *Das Kind <u>geht</u> gerne in den Zirkus.*
Die Kinder <u>gehen</u> gerne in den Zirkus.
Ihr <u>geht</u> morgen auch in den Zirkus.

Numerus	Person	
Singular	1.	ich geh**e**
	2.	du geh**st**
	3.	er, sie, es geh**t**
Plural	1.	wir geh**en**
	2.	ihr geh**t**
	3.	sie geh**en**

Tipp | Das Subjekt ermittelst du mit der Frage „**Wer oder Was?**".
Achtung: Das Subjekt steht nicht immer am Anfang des Satzes.
Beispiel: *Gespannt sitze ich im Sessel. – Frage:* **Wer** *sitzt gespannt im Sessel? – Antwort:* Ich *sitze gespannt im Sessel.*

Übungen

1 Unterstreiche in den folgenden Sätzen das Subjekt. Füge dann das Verb in der richtigen Person und im richtigen Numerus ein.

a) Ich sitze (sitzen) gespannt am Rand der Manege.

b) Von meinem Platz aus _____ (sehen) ich alles

besonders gut.

c) Der Beginn der Vorstellung _____ (verzögern) sich,

weil viele Gäste zu spät kommen.

d) Du _____ (hoffen) auch, dass es bald losgeht.

e) Wenn ihr kräftig _____(klatschen), dauert es viel-

leicht nicht so lange.

f) Endlich _____ (öffnen) sich der Vorhang.

g) Mit strahlendem Gesicht _____ (begrüßen) der

Zirkusdirektor das Publikum.

h) Unter kräftigem Beifall _____ (marschieren) die

Artisten ein.

i) Der Kapellmeister _____ (beobachten) den Einzug der

Artisten von der Empore.

j) Zur Begrüßung _____ (erheben) sich das gesamte

Publikum von seinen Plätzen.

Tipp | Besteht das <u>Subjekt</u> **aus mehreren Teilen,** steht das <u>Verb</u> nicht im Singular, sondern im **Plural.**
Beispiel: _<u>Der Direktor</u> betritt die Manege._ Aber: _<u>Der Direktor und ein Clown</u> betreten die Manege._
<u>Nina</u> klatscht Beifall. Aber: _<u>Nina, Lars und Jenny</u> klatschen Beifall._

2 Setze die folgenden Verben in die passenden Lücken ein. Die Verben sind bereits richtig konjugiert.

~~zeigen~~ ▪ führen ▪ wünschen ▪ treibt ▪ treiben ▪ lehren ▪ seht ▪ seht ▪ gehören ▪ führt

Begrüßungsworte des Zirkusdirektors

„Guten Abend und herzlich willkommen, liebes Publikum!

Wir <u>zeigen</u> heute einen bunten Strauß voller Sensationen. Ihr _____

_____ gleich Tiere und Menschen in Aktion. Der Zauberer Merlin

_____ euch ins Reich der Feen und Wunder. Der

fliegende Roland und unsere Hochseilartisten _____

euch das Fürchten mit ihren waghalsigen Darbietungen. Später

_____ ihr riesige Elefanten, die auf das Kommando unserer

kleinen Maja hören. Große und kleine Pferde _____ in

der Manege gemeinsam Kunststücke vor. Sahin, der Fakir aus dem

Morgenland, _____ den Nervenkitzel schließlich

auf die Spitze. Das Liegen auf dem Nagelbrett, Feuerschlucken und

Feuerspucken _____ zu seinen äußerst gefährlichen

Darbietungen. Ernie und Bert, unsere beiden beliebten Clowns,

_____ in den Pausen immer wieder ihre Späße mit euch.

Wir _____ euch allen einen unterhaltsamen Abend!"

Fehler-Check

Streiche die falsche Verbform durch.

Doppelte Zauberei

Zu Beginn der Zaubernummer <u>rollt/rollen</u> Helfer einen Teppich in der Manege aus und <u>schiebt/schieben</u> eine Kiste herein. In der Kiste <u>liegt/liegen</u> die Gegenstände, die Roy und Robin <u>benötigt/benötigen</u>. Dann <u>kommt/kommen</u> die Zauberer und <u>begrüßt/begrüßen</u> das Publikum. Weiße Tauben <u>fliegt/fliegen</u> aus ihren schwarzen Hüten. Roy <u>holt/holen</u> ein buntes Tuch aus der Kiste und <u>lässt/lassen</u> daraus weitere Tauben aufsteigen, während Robin viele weiße Kaninchen aus einer winzigen Röhre <u>hervorzaubert/hervorzaubern</u>. Jeweils eine Taube <u>landet/landen</u> schließlich auf Roys und Robins Kopf, während die beiden Zauberer inmitten der Kaninchen <u>steht/stehen</u>. Während die Zuschauer noch Beifall <u>klatscht/klatschen</u>, <u>wächst/wachsen</u> langsam eine Sonnenblume und eine Rose aus den Hüten, die jetzt auf dem Teppich <u>steht/stehen</u>. Sowohl die Erwachsenen als auch die Kinder <u>merkt/merken</u> schnell, dass jede Blume umso schneller <u>wächst/wachsen</u>, je lauter der Beifall <u>ist/sind</u>. Die Blumen <u>ist/sind</u> schnell fast zwei Meter hoch, da die Zuschauer nicht am Beifall <u>spart/sparen</u>. Mit großen Augen und offenem Mund <u>bestaunt/bestaunen</u> jeder, was es heute zu sehen <u>gegeben hat/gegeben haben</u>.

	Fehler	0–2 Fehler	3–9 Fehler	mehr als 9 Fehler
		Super!	In Ordnung!	Bitte noch einmal üben!

Verben: regelmäßig oder unregelmäßig?

Der große Clown <u>befehlte</u> dem kleinen Clown in eine Kanone zu klettern, um ein Geschenk herauszuholen. Es gab einen lauten Knall und der kleine Clown <u>fliegte</u> in hohem Bogen durch die Luft. Jetzt erst …

Regeln

1. **Regelmäßige (schwache) Verben** bilden ihre Vergangenheitsform mit **t**.
   Beispiel: *spielen → ich spiele – ich spiel<u>t</u>e – gespiel<u>t</u>*

2. Bei **unregelmäßigen (starken) Verben** ändert sich in der Vergangenheitsform der Stammvokal.
   Beispiel: *gehen → ich g<u>e</u>he – ich g<u>i</u>ng – geg<u>a</u>ngen*

Regelmäßige Verben/Schwache Verben

Numerus	Person	Präsens	Präteritum	Partizip II
Singular	1.	ich spiele	ich spielte	gespielt
	2.	du spielst	du spieltest	
	3.	er, sie, es spielt	er, sie, es spielte	
Plural	1.	wir spielen	wir spielten	
	2.	ihr spielt	ihr spieltet	
	3.	sie spielen	sie spielten	

Unregelmäßige Verben/Starke Verben

Numerus	Person	Präsens	Präteritum	Partizip II
Singular	1.	ich gehe	ich ging	gegangen
	2.	du gehst	du gingst	
	3.	er, sie, es geht	er, sie, es ging	
Plural	1.	wir gehen	wir gingen	
	2.	ihr geht	ihr gingt	
	3.	sie gehen	sie gingen	

Tipp | Denke daran: **Das Partizip** ist eine **unbestimmte Verbform,** da es weder über die Person noch über die Zeit etwas aussagt. Es hat daher **keine Personalendung.** Man unterscheidet:
Partizip I: *lesend, gehend, schlafend,*
Partizip II: *gelesen, gegangen, geschlafen.*

Übungen

1 Welche der folgenden Verben sind unregelmäßig? Unterstreiche sie und trage sie in den vorgegebenen Formen in die Tabelle ein.

<u>singen</u> ▪ lachen ▪ sagen ▪ springen ▪ fließen ▪ meinen ▪ essen ▪ weinen ▪ glauben ▪ rufen ▪ stehlen ▪ hoffen ▪ leben ▪ befehlen ▪ lügen ▪ fahren

Unregelmäßige Verben / Starke Verben			
Grundform	**Präsens** (1. Person Singular)	**Präteritum** (1. Person Singular)	**Partizip II**
singen	*ich singe*	*ich sang*	*gesungen*

2 Die unterstrichenen Vergangenheitsformen wurden falsch gebildet.
Verbessere sie in der rechten Spalte.

Auf dem Rücken der Pferde	
Als nächstes <u>erscheinten</u> drei junge Männer mit	erschienen
Pferden in der Manege. Die als Cowboys verkleideten	
Männer <u>reiteten</u> nicht auf den Pferden, sondern sie	
<u>stunden</u> auf ihren Rücken. Sie <u>worfen</u> die Cowboyhüte	
hoch in die Luft, drehten sich im vollen Galopp auf dem	
Rücken ihres Pferde stehend um, und <u>fangten</u> ihre Hüte	
wieder auf. Die drei Cowboys <u>bieteten</u> ein wahres	
Feuerwerk von Kunststücken. Während die Pferde ohne	
Unterbrechung liefen, <u>springten</u> sie schnell ab und	
wieder auf. Dabei <u>wuchselten</u> sie ständig die Pferde, bis	
jeder schließlich einmal auf allen Pferden <u>gesitzt</u>	
hatte. Manchmal <u>stehten</u> sie sogar alle auf dem	
Rücken eines Pferdes. Später zeigte ein Cowboy sogar	
Saltos auf dem schmalen Pferderücken. Dazu war er	
auf das größte der Pferde <u>gesteigt</u>, da es am ruhigsten	
von allen lief. Es <u>gang</u> alles gut und sämtliche Kunst-	
stücke <u>verlauften</u> ohne einen einzigen Fehler. Als sie	
die Manege <u>verlassten</u>, <u>saßten</u> die Artisten hinterei-	
nander auf dem größten Pferd und	
<u>wunkten</u> mit ihren Cowboyhüten.	

Fehler-Check

Füge die richtigen Formen des Verbs in die Lücken ein. Verwende das Präteritum.

Ballbeherrschung

Der Jongleur _____ (halten) gerade sechs Bälle gleichzeitig in

der Luft, als ein begeisterter Zuschauer ihn mit Blitz _____

(fotografieren). Weil der Jongleur dadurch geblendet wurde, _____

_____ (verlieren) er die Kontrolle über die Bälle und einer _____

(fallen) auf den Boden. Geschickt _____ (überspielen) der

Jongleur diese Panne, indem er so _____ (tun) als ob das Absicht

gewesen wäre. Mit dem Fuß _____ (bringen) er den Ball,

der etwas zur Seite gerollt war, wieder in Position.

Während des Jonglierens mit den restlichen fünf Bällen _____

(gehen) er in die Hocke. Blitzschnell _____ (greifen) er den Ball,

der heruntergefallen war. Die Zuschauer _____ (toben) vor

Begeisterung, als er ohne Pause das Jonglieren _____ (fort-

setzen).

☐ Fehler	**0–1 Fehler** Super!	**2–5 Fehler** In Ordnung!	**mehr als 5 Fehler** Bitte noch einmal üben!

Gestern, heute oder morgen? – Mithilfe von Verben angeben, wann etwas geschieht

Zirkusveranstaltungen gibt es schon, bevor man das Zirkuszelt /

erfand. Schon die alten Römer treffen sich zur Unterhaltung in /

Gebäuden, die sie speziell zu diesem Zweck bauen werden. Heute /

fanden solche Veranstaltungen im Freien oder in Zelten statt. Der /

Vorteil dieser Zelte ist gewesen, dass man sie an verschiedenen ... /

Regel

Mithilfe der **Verben** können im Deutschen **sechs verschiedene Zeitformen** gebildet werden.

Präsens	Perfekt
ich lache	*ich habe gelacht*
Präteritum	**Plusquamperfekt**
ich lachte	*ich hatte gelacht*
Futur I	**Futur II**
ich werde lachen	*ich werde gelacht haben*

Übung

1 Schreibe den folgenden Text ab und übertrage ihn in das Präteritum. Unterstreiche in deinem Text alle Verbformen.

Alles im Gleichgewicht

Der Vorhang geht auf und vier Mädchen in bunten Kostümen schweben herein. Jedes Mädchen trägt einen hübschen Schirm. Mit kleinen Schritten laufen die Mädchen barfuß auf großen Kugeln aus glänzendem Metall. Durch winzige Verlagerungen des Gewichts steuern sie ihre Kugeln in die Mitte der Manege. Jedes Mädchen zeigt auf seiner Kugel ein besonderes Kunststück. Das erste jongliert mit farbigen Tüchern. Das zweite klettert durch einen Reifen. Das dritte springt mit einem Seil und das vierte läuft auf der Kugel sogar über eine kleine Wippe am Boden.

_____

_____

_____

_____

_____

_____

_____

_____

_____

_____

_____

Regeln

1. Um das **Perfekt, Plusquamperfekt oder die Zukunftsformen** (Futur) zu bilden, braucht man im Deutschen die Verben „**haben**" oder „**sein**". Man nennt diese Verben deshalb auch **Hilfsverben**.
   Beispiel: Ich habe eine Karte für den Zirkus gekauft.
   Du bist gerannt, um als Erster im Zirkuszelt zu sein.

2. Das Hilfsverb **sein** wird meistens bei **Verben der Veränderung** gebraucht. Diese zeigen einen **Wechsel des Ortes oder des Zustandes** an.
   Beispiel: er ist geflogen, sie sind gelaufen, es ist verdorben

Hilfsverben: Konjugation im Präsens			
Numerus	Person	haben	sein
Singular	1.	ich habe	ich bin
	2.	du hast	du bist
	3.	er, sie, es hat	er, sie, es ist
Plural	1.	wir haben	wir sind
	2.	ihr habt	ihr seid
	3.	sie haben	sie sind

Übungen

2 Ergänze die Liste. Verwende das Präteritum.

Hilfsverben: Konjugation im Präteritum			
Numerus	Person	haben	sein
Singular	1.	ich	ich
	2.	du	
	3.	er, sie, es	
Plural	1.	wir	
	2.	ihr	
	3.	sie	

3 „Haben" oder „sein"? Fülle die Lücken, indem du die richtig konjugierte Form des passenden Hilfsverbs verwendest.

Hallo Leute,

ihr werdet es nicht glauben, aber gestern _____ ich zum ersten Mal

in der neuen Zirkus-AG gewesen. Es war einfach super! Alle _____

sich total nett verhalten, obwohl die meisten mich vorher noch nie

gesehen _____. Ich bin mir schon jetzt ziemlich sicher, dass der

Wechsel in die Zirkus-AG die richtige Entscheidung gewesen _____.

Der Lehrer, der die AG betreut _____, war einfach Spitze. Ich durfte

vieles ausprobieren, bis ich das Passende für den Anfang gefunden

_____. Nach dem ersten Training _____ ich mich für die

Akrobatik entschieden. Ihr _____ bestimmt schon einmal

gesehen, wie aus menschlichen Körpern verschiedene Figuren gebaut

werden. Ich _____ sehr gespannt, wie es weitergeht.

4 Ergänze die Tabelle.

Infinitiv	Person und Numerus	Perfekt	Plusquamperfekt
tanzen	1. Person Singular	ich habe getanzt	
rennen	2. Person Singular		
wählen	2. Person Plural		
fallen	1. Person Plural		
glauben	3. Person Singular		

Regeln

1. Das **Präteritum** wird verwendet, wenn **von einem Geschehen** berichtet wird, das **in der Vergangenheit vollständig abgeschlossen** wurde.
   Beispiel: *Gestern* <u>*stürzte*</u> *einer der Artisten beim Training.*

2. Das **Perfekt** wird verwendet, wenn **das Geschehen noch direkte Auswirkungen auf die Gegenwart** hat.
   Beispiel: *Der Artist humpelt noch. Er* <u>*hat*</u> *sich beim Sturz das Bein* <u>*verstaucht*</u>*. Er* <u>*ist*</u> *noch immer* <u>*verletzt*</u>*.*
   Das Perfekt wird gebildet mit dem **Partizip II des Verbs** und einer **Form der Hilfsverben „haben" und „sein" im Präsens**.

Übung

5 Präteritum oder Perfekt? Streiche die falsche Form.

a) Sarah liegt noch im Krankenhaus, weil sie sich beim Sturz von der Kugel das Bein <u>brach/gebrochen hat.</u>

b) In den ersten Tagen nach dem Sturz <u>schmerzte das Bein sehr/hat das Bein sehr geschmerzt.</u>

c) Seit zwei Wochen <u>ging sie nicht mehr in die Schule/ist sie nicht mehr in die Schule gegangen.</u>

d) Sie denkt nicht gerne darüber nach, warum sie damals auf der Kugel das Gleichgewicht <u>verlor/verloren hat.</u>

e) Da der Bruch schneller als angenommen <u>verheilte/verheilt ist</u>, darf Sarah schon heute das Krankhaus verlassen.

f) Den ersten Gips, den man ihr im Krankenhaus anlegt hatte, <u>behielt sie zur Erinnerung/hat sie zur Erinnerung behalten.</u>

g) Während ihres Krankenhausaufenthalts <u>besuchten viele Freunde Sarah/haben viele Freunde Sarah besucht.</u>

Regeln

1. Mithilfe des **Plusquamperfekts** wird ausgedrückt, dass ein Geschehen bereits **vollständig abgeschlossen** war, **bevor ein anderes einsetzte**. Man spricht in diesem Zusammenhang auch von **Vorzeitigkeit**.
   Beispiel: Als Hannah im Restaurant ankam, <u>hatten</u> die anderen Gäste schon längst <u>aufgegessen</u>.
   Nachdem der Bruch <u>geheilt war</u>, begann er wieder mit dem Training.

2. Das **Plusquamperfekt** wird gebildet mit dem **Partizip II des Verbs** und **einer Form der Hilfsverben „haben" oder „sein" im Präteritum**.

Übung

6 Unterstreiche alle Verbformen im Plusquamperfekt.

Düsseldorf, 26. September 2010 Seit dem Wochenende werden zwei Ponys des Zirkus vermisst. Man <u>hatte</u> die Tiere nach der letzten Vorstellung am Sonntag auf die eingezäunte Wiese <u>gebracht</u>. Erst am nächsten Morgen entdeckten die Tierpfleger das Verschwinden. Als sie gegen Mitternacht ihren Kontrollgang gemacht hatten, waren die Tiere noch da. Der Verdacht fällt auf einige Zuschauer, die sich direkt nach der Vorstellung noch am Zaun aufgehalten hatten. Ein Zuschauer scheint besonders verdächtig, weil er längere Zeit in der Nähe der jetzt vermissten Ponys gestanden hatte. Bei der Vernehmung durch die Polizei fiel den Tierpflegern ein, dass der Mann schon verschwunden war, als sie die Beleuchtung auf der Wiese gelöscht hatten. Einer der Tierpfleger ist sich sicher, dass dieser Mann die Tiere fotografiert hatte. Die Polizei sucht nun Zeugen, die nach der Vorstellung etwas beobachtet haben, das zur Klärung des Diebstahls beitragen kann.

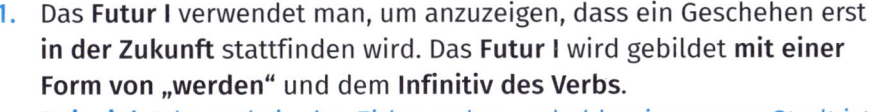

Regeln

1. Das **Futur I** verwendet man, um anzuzeigen, dass ein Geschehen erst **in der Zukunft** stattfinden wird. Das **Futur I** wird gebildet **mit einer Form von „werden"** und dem **Infinitiv des Verbs**.
    Beispiel: *Ich werde in den Zirkus gehen, sobald er in unserer Stadt ist.*

2. **Das Futur I** kann durch das **Präsens ersetzt werden**, wenn durch die **Aussage bereits deutlich** wird, dass **zukünftiges Geschehen** dargestellt wird.
    Beispiel: *Ich werde ein Praktikum im Zirkus machen. (Futur I)*
    Im nächsten Jahr mache ich ein Praktikum im Zirkus. (Präsens)

Übungen

7 Ergänze die passenden Formen von „werden".

Praktikum im Zirkus

a) Wenn ich meinen Schulabschluss habe, _____ ich mir

   einen Traum erfüllen.

b) Wie bereits mit dem Zirkusdirektor besprochen, _____

   ich für ein paar Wochen als Aushilfe in seinem Zirkus arbeiten.

c) Der Zirkus _____ genau zu dieser Zeit in unserer

   Stadt Station machen, sodass ich keine weiten Anfahrtswege

   haben _____.

d) Man _____ mich vor allem bei der Tierpflege einsetzen.

e) Übermorgen _____ ich beim Zirkus noch einmal nach-

   fragen, ob mit meinem Praktikum alles in Ordnung geht.

8 In welchen Sätzen des Textes „Praktikum im Zirkus" könnte auf das Futur I verzichtet werden? Notiere.

Satz: _____

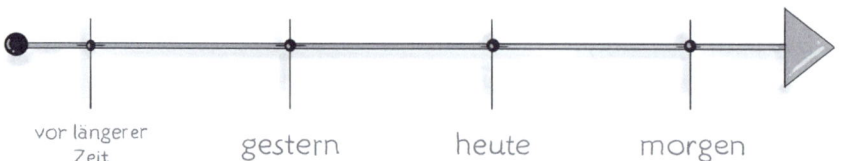

vor längerer   gestern   heute   morgen
Zeit

9 Welche Zeitformen werden hier beschrieben? Schreibe auf.

a) Diese Zeit wird verwendet, wenn man von etwas berichtet, das noch
weiter in der Vergangenheit liegt als die Geschehnisse im Präteritum.

<u>Plusquamperfekt</u>

b) Mit dieser Zeit wird ausgedrückt, das etwas erst in der Zukunft
geschehen wird.

_____

c) Wenn etwas in der Vergangenheit bereits abgeschlossen ist, aber
noch unmittelbare Auswirkungen auf die Gegenwart hat, wird diese
Zeit verwendet.

_____

d) Diese Zeit kann das Futur I ersetzen, wenn durch die Aussage
deutlich wird, dass ein Geschehen erst in der Zukunft stattfinden
wird.

_____

e) Ein Geschehen, das in der Vergangenheit vollständig abgeschlossen
wurde, wird mit dieser Zeit beschrieben.

_____

Fehler-Check

Notiere in den Lücken, in welcher Zeitform die unterstrichenen Sätze stehen.

Zukunftspläne

Heute weiß ich ziemlich genau (_____), was ich später

einmal werden will. Bevor ich mich entschieden habe (_____),

Tierärztin zu werden, hatte ich immer davon geträumt (_____),

einmal in einem richtigen Zirkus zu arbeiten.

Jedes Kind hat irgendwann einmal diesen Traum (_____),

wenn es öfter im Zirkus war. Mit 10 Jahren stellte ich mir vor

(_____), dass ich später einmal Clown werde.

Etwas später nahm ich mir vor (_____), Hochseilartistin

zu werden. Weil ich meine Ferien häufiger auf dem Bauernhof meines

Onkels verbracht hatte (_____), entschied ich mich

mit 16 Jahren doch, lieber Tierärztin als Hochseilartistin zu werden. Das

Studium wird zwar nicht leicht werden (_____), aber ich

freue mich schon jetzt darauf (_____). Obwohl ich mich

mit 16 schon anders entschieden hatte (_____), ist mein

großes Interesse für den Zirkus immer geblieben (_____).

☐ Fehler	**0–1 Fehler** Super!	**2–5 Fehler** In Ordnung!	**mehr als 5 Fehler** Bitte noch einmal üben!

Aktiv oder Passiv?

Als Neuzugang in der Zirkus-AG wurde mir viel <u>gehelft</u>. Gleich am   /

ersten Tag <u>war</u> ich <u>gefragt worden</u>, was ich am liebsten machen möch-   //

te. Vom Lehrer <u>wird</u> mir <u>gesagt</u>, dass ich zunächst einmal das Jong-   //

lieren mit den Bällen üben sollte. Es <u>wird</u> mir versprochen, dass mir   /

später von den anderen <u>zeigen</u>, wie man das mit Keulen ...   /

Regeln

1. Beim **Passiv** richtet sich der **Blick auf die Person oder Sache, mit der etwas geschieht**, während im Aktiv das Hauptinteresse auf die Person gerichtet ist, die etwas tut.
   Beispiel: *Jana <u>hilft</u> Nico beim Balancieren auf der Kugel. (Aktiv)*
   Nico <u>wird</u> von Jana beim Balancieren auf der Kugel geholfen. (Passiv)

2. Die **Passivformen** werden **mit einer Form von „werden"** und **mit dem Partizip II des jeweiligen Vollverbs** gebildet.

Numerus	Person	Präsens	Präteritum	Partizip II
Singular	1.	ich werde	ich wurde	geworden
	2.	du wirst	du wurdest	
	3.	er, sie, es wird	er, sie, es wurden	
Plural	1.	wir werden	wir wurden	
	2.	ihr werdet	ihr wurdet	
	3.	sie werden	sie wurden	

Übung

1 Die folgenden Sätze stehen im Passiv. Vervollständige sie, indem du
die richtigen Formen des Hilfsverbs „werden" einsetzt.

Neuwahlen

Im nächsten Monat _____ du wieder gefragt werden, welche

Arbeitsgemeinschaft du im kommenden Schuljahr wählen willst. Im

letzten Jahr _____ eure Wünsche erst nach den Sommer-

ferien erfragt. Erst zwei Wochen nach Beginn des neuen Schuljahres

_____ ihr den neuen Arbeitsgemeinschaften zugewiesen.

Damit diesmal besser und schneller geplant werden kann, _____

diese Umfrage jetzt schon viel früher durchgeführt. In den kommen-

den Tagen _____ ihr alle umfangreiches Informationsmaterial

zu allen Arbeitsgemeinschaften erhalten.

In der letzten Woche vor den Sommerferien _____ die

Wahlzettel eingesammelt. Neue Mitglieder _____ in diesem

Jahr vor allem von unserer Zirkus-AG gesucht. In der nächsten Zeit

_____ ihr deswegen bestimmt noch direkt angesprochen.

Regel

Das Passiv kann man in allen Zeitformen verwenden:

	Aktiv	Passiv
Präsens	Sie **stützt** mich.	Ich **werde** von ihr **gestützt**.
Perfekt	Sie **hat** mich **gestützt**.	Ich **bin** von ihr **gestützt worden**.
Präteritum	Sie **stützte** mich.	Ich **wurde** von ihr **gestützt**.
Plusquam-perfekt	Sie **hatte** mich **gestützt**.	Ich **war** von ihr **gestützt worden**.
Futur I	Sie **wird** mich **stützen**.	Ich **werde** von ihr **gestützt werden**.
Futur II	Sie **wird** mich **gestützt haben**.	Ich **werde** von ihr **gestützt worden sein**.

Übungen

2 Forme die folgenden Sätze ins Passiv um.

a) Jana unterstützt Sabrina beim Balancieren auf der Kugel.

_____

_____

b) Melanie half Sabrina beim Besteigen der wackeligen Kugel.

_____

_____

c) Ina hatte Kira geholfen, als sie zum ersten Mal auf die Kugel stieg.

_____

_____

d) Jakob hat Sabrina das Jonglieren mit Tüchern gezeigt.

_____

_____

e) Der Lehrer wird Sabrina bald das Jonglieren mit Bällen zeigen.

_____

_____

3 Schreibe den Text ab. Setze die unterstrichenen Sätze ins Passiv.

Gemeinsam sind wir stark

In der Zirkus-AG hilft man dir bei allem, was du tun möchtest. Unser Team beantwortet dir alle Fragen. Man zeigt dir, wie man auf dem Einrad fährt oder als Fakir Feuer spuckt. Andere machen dir langsam vor, was du lernen willst. Bevor du dich für etwas entscheidest, wird der Lehrer dich beraten. Alle werden dich trainieren, bis du ein Könner bist. Auf unsere Erfahrung kannst du bauen: Wir haben schon viele beim Einstieg in die Zirkus-AG gut unterstützt.

_____

_____

_____

_____

_____

_____

_____

_____

Regel

Das **Passiv** wird in der Regel verwendet, wenn der **Urheber einer Handlung** oder eines Vorgangs **nicht angegeben** ist oder **in den Hintergrund** gestellt wird. Dafür gibt es folgende Ursachen:

a) Der Urheber ist eine beliebige Person.
   Beispiel: *Beim Balancieren auf der Kugel <u>wird</u> man <u>gehalten</u>.*

b) Der Urheber ist unbekannt.
   Beispiel: *Gestern <u>wurde</u> die Kugel aus dem Zirkusraum <u>gestohlen</u>.*

c) Der Urheber wird absichtlich verschwiegen.
   Beispiel: *Die Ermittlungen <u>wurden</u> sofort <u>aufgenommen</u>.* (Von wem?)

d) Aus dem Zusammenhang wird klar, wer der Urheber ist.
   Beispiel: *Das Türschloss zum Zirkusraum ist nicht sicher. Der Diebstahl <u>wurde</u> ungewollt <u>erleichtert</u>.*

Übungen

4 Welcher Grund für die Verwendung des Passivs liegt hier vor? Notiere in der rechten Spalte hinter jedem Satz den entsprechenden Buchstaben.

Diebstahl im Zirkusraum

1) Unmittelbar nach dem letzten Training wurde eine teure Kugel aus dem Zirkusraum entwendet.

2) Solche Diebstähle werden in der Schule immer sehr aufmerksam verfolgt.

3) Bereits am nächsten Tag wurde die Vernehmung möglicher Zeugen durchgeführt.

4) Ein erster Verdächtiger ist bereits ausgemacht worden.

5) Handwerker haben alles repariert. Die Tür wurde erneuert.

6) Es wurde auch ein neues Schloss eingebaut.

7) Die teuren Kugeln werden ab jetzt noch sorgfältiger

weggeschlossen werden.

8) Auf diese Weise soll verhindert werden, dass so ein

Diebstahl in nächster Zeit noch einmal vorkommt.

5 Fülle die Lücken. Setze dazu die Verbformen in Klammern im Passiv ein.

Das Brandenburger Tor

In der Akrobatik <u>werden</u> mit dem Körper Figuren <u>nachgebaut</u> (nach-

bauen). Diese Figuren nennt man Pyramiden, da Körper _____

_____ (aufeinanderschichten). Als Vorlage für eine

solche Pyramide _____ häufig ein bekanntes Bauwerk

_____ (wählen).

Die Pyramide auf dem Bild _____ nach der Vorlage des

Brandenburger Tors in Berlin _____ (bauen). Bei Akrobaten

ist sie beliebt, weil zum Erstellen nur sieben Personen _____

_____ (benötigen). Die waagerecht liegenden Personen _____

_____ im gestrecktem Zustand _____ (hochheben).

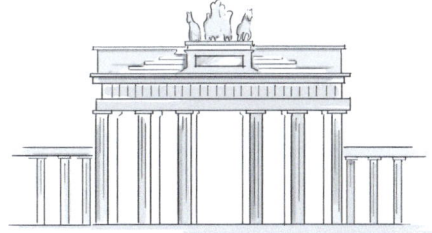

Fehler-Check

Vervollständige die Tabelle.

Zeitform	Aktiv	Passiv
Präsens	du hilfst	dir wird geholfen
	ihr helft	
	sie verzauberte	
	ich habe verzaubert	
	du hast gestützt	
	sie werden tragen	
	ich hatte gefragt	
	er schob	
	ihr schiebt	
	sie hatten trainiert	
	ich werde heben	

	Fehler	0–2 Fehler	3–9 Fehler	mehr als 9 Fehler
		Super!	In Ordnung!	Bitte noch einmal üben!

Satzglieder

Subjekt, Prädikat oder Objekt?

Bestimme die Satzglieder. (Subjekt, Prädikat, (Objekt))

Die Leichtathleten müssen (mehrere Sportarten) beherrschen.

Fast jeden Tag trainieren sie für den Erfolg. Die gesamte Freizeit /

wird dem Sport geopfert. Zur Unterhaltung hören (sie) //

manchmal ihre Lieblingsmusik beim Lauftraining … /

Regel

Sätze bestehen aus verschiedenen Bausteinen. Diese Bausteine nennt man **Satzglieder**. Sie lassen sich durch die **Umstellprobe** bestimmen. Die Wörter und Wortgruppen, die beim Verschieben zusammenbleiben, bilden jeweils ein Satzglied.

Beispiel: | Die flinke Lara | gewinnt | den 50-Meter-Lauf.

| Den 50-Meter-Lauf | gewinnt | die flinke Lara.

Übungen

1 Schreibe die folgenden Wörter auf kleine Zettel. Probiere durch Umstellen aus, wie viele Sätze sich mit diesen Bausteinen bilden lassen. Notiere die Sätze auf der nächsten Seite.

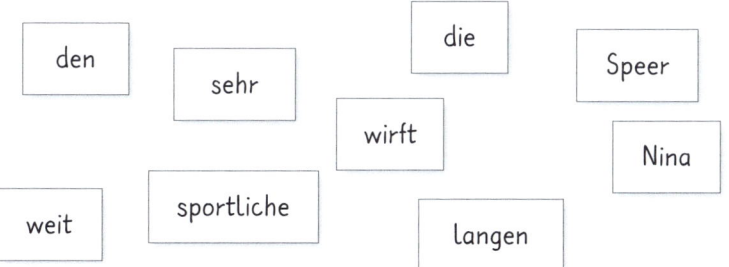

den   sehr   die   Speer

wirft   Nina

weit   sportliche   langen

_____

_____

_____

_____

_____

_____

_____

_____

_____

_____

2 In dem Satz aus Aufgabe 1 lassen sich viele Wörter umstellen. Einige bleiben beim Verschieben aber immer zusammen, manche stehen immer allein. Kreise diese Wörter ein.

Die sportliche Nina wirft den langen Speer sehr weit.

3 Kreise die Wörter ein, die gemeinsam ein Satzglied bilden. Achtung: Manche Satzglieder bestehen aus nur einem Wort. Die Umstellprobe hilft dir, wenn du unsicher bist.

a) Der flinke Marvin springt über die hohen Hürden.

b) Marina und Katrin trainieren begeistert für die 4 x 50-Meter-Staffel.

c) Beim Hochsprung zeigt der kleine Lars sein ganzes Können.

d) Das begeisterte Publikum spendet den Sportlern viel Beifall.

e) Während des Hürdenlaufs kommt es zu einem Sturz.

f) Zwei Sanitäter laufen mit einer Bahre quer über den Rasenplatz.

Regel

Das **Prädikat** ist das wichtigste Satzglied und darf in keinem Satz fehlen. Es gibt an, **was geschieht oder was jemand tut**. Im Aussagesatz ist es immer das **zweite Satzglied**, es steht also immer an **zweiter Stelle**.
Beispiel: *Die glückliche Nina <u>erhält</u> vom Trainer ein Lob.*
Vom Trainer <u>erhält</u> die glückliche Nina ein Lob.
Ein Lob <u>erhält</u> die glückliche Nina vom Trainer.

Übungen

 Mache im folgenden Text Schlangenlinien unter alle Prädikate.

Testlauf

Nina, Lara und Sarah stehen bereits am Start zum 50-Meter-Lauf. Sie gehören im Verein zur 50-Meter-Staffel. Im Einzelwettbewerb laufen die Mädchen allerdings gegeneinander. Die Siegerin des Laufes startet später in der Staffel als Schlussläuferin. Die Eltern und das übrige Publikum erwarten einen spannenden Wettkampf. Anfangs laufen alle drei Mädchen noch dicht nebeneinander. Mit sehr knappem Vorsprung überquert Lara die Ziellinie.

Tipp | Prädikate können aus **mehreren Teilen** bestehen. **Mehrteilige** oder **zusammengesetzte Prädikate** bestehen aus:
– der konjugierbaren Grundform des Verbs,
– einem oder mehreren nicht konjugierbaren Prädikatsteilen.
Beispiel: *Die Läuferinnen <u>sind</u> <u>angespannt</u>.*

Manchmal umschließen die Prädikatsteile andere Satzglieder. Man spricht dann von einer **Satzklammer**.
Beispiel: *Jede <u>will</u> schließlich das Ziel als Erste <u>erreichen</u>.*
Eine Läuferin <u>ließ</u> beim Start den Staffelstab <u>fallen</u>.

5 Formuliere unter Verwendung der vorgegebenen Satzglieder jeweils einen Satz. Achte dabei besonders auf die Satzklammer des Prädikats.

a) gleich schnell – die ersten 20 Meter – die Läuferinnen – (haben zurückgelegt)

b) auf den letzten Metern – die Entscheidung – im Wettkampf – (wird fallen)

c) verbissen – alle – Läuferinnen – im Zieleinlauf – (haben gekämpft)

d) das Zielfoto – am Ende – über den Sieg – (muss entscheiden)

e) im gut besuchten Stadion –vor Begeisterung – das Publikum – (ist aufgesprungen)

f) mit der Leistung seiner Mädchen – auf jeden Fall – der Trainer – (wird zufrieden sein)

Regel

Das **Subjekt** ist der Satzgegenstand, über den das Prädikat etwas aussagt. Das Subjekt steht immer im **Nominativ**. Es bestimmt Person und Numerus des Prädikats. Mit der Frage „**Wer oder Was?**" lässt sich das Subjekt gut bestimmen.
Beispiel: *Die Mädchen laufen zum Ziel. – Wer oder was läuft zum Ziel?*
Sie kämpfen im Wettbewerb gegeneinander.– Wer oder was kämpft … ?
Im Wettbewerb kämpfen sie gegeneinander.– Wer oder was kämpft … ?

Übung

6 Unterstreiche alle Subjekte.
Denke daran, dass Nebensätze ein eigenes Subjekt haben.

Hoch hinaus

Die Stabhochspringer benötigen besonders viel Anlauf. Sorgfältig wählen sie vor dem Sprung die Absprungstelle aus. Ebenso wichtig ist für sie die Entscheidung für den richtigen Stab. Beim Wettkampf kann man diesen Vorgang gut beobachten. Etwas Aberglaube bestimmt die Entscheidung natürlich auch. Am Ende kommt es schließlich in erster Linie auf die richtige Technik an. Ich kann es immer kaum fassen, wie hoch man mit einem Stab springen kann. Die Landung auf der dicken Weichbodenmatte stelle ich mir einfach toll vor.

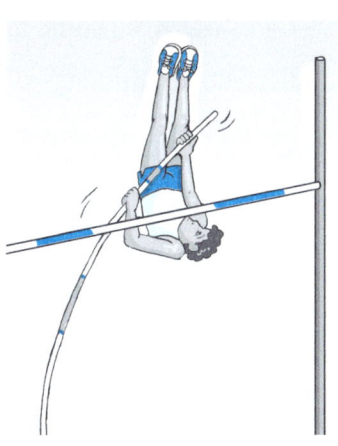

Regeln

1. Damit ein Satz vollständig ist, benötigen viele Prädikate außer dem Subjekt noch weitere Satzglieder. Diese notwendigen Ergänzungen heißen **Objekte**. Objekte können im **Genitiv** (2. Fall), im **Dativ** (3. Fall) oder im **Akkusativ** (4. Fall) stehen.

2. Das Genitivobjekt erfragst du mit „**Wessen**?".
Das Dativobjekt erfragst du mit „**Wem**?".
Das Akkusativobjekt erfragst du mit „**Wen oder Was**?".

   Beispiel: *Der Stabhochspringer bedient sich* eines Tricks. *– Wessen bedient sich der Stabhochspringer? – eines Tricks (Genitivobjekt) Eine Absprungmarkierung hilft* dem Springer. *– Wem hilft die Absprungmarkierung? – dem Springer (Dativobjekt) Der Stabhochspringer nimmt* Anlauf. *– Wen oder was nimmt der Stabhochspringer? – Anlauf (Akkusativobjekt)*

Übungen

7 Entscheide, ob die eingerahmte Ergänzung im Dativ (Dat.) oder im Akkusativ (Akk.) steht. Streiche die falsche Antwort.

Gesicherte Landung

Der Weitsprungwettbewerb findet bei den Zuschauern (Dat./Akk.)

immer großen Anklang (Dat./Akk.). Schnell wird man an

die eigenen Versuche (Dat./Akk.) während der Schulzeit erinnert.

Anders als in der Schule müssen die Wettkämpfer den Anweisungen

(Dat./Akk.) der Kampfrichter strikt folgen. Gleich mehrere Kampfrichter

kontrollieren den ordnungsgemäßen Ablauf (Dat./Akk.) des

Wettkampfs. Der Hauptkampfrichter gibt dem Springer (Dat./Akk.)

ein Zeichen, wenn er springen darf.

Trifft der Springer den Absprungbalken (Dat./Akk.) nicht richtig, hält ein zweiter Absprungrichter (eine rote Fahne) (Dat./Akk.) hoch.

Die Weite wird von (zwei weiteren Kampfrichtern) (Dat./Akk.)

gemessen. Der Sand wird für (den nächsten Sprung) (Dat./Akk.)

(von einem weiteren Kampfrichter) (Dat./Akk.) geglättet.

Jeder Springer findet also (dieselben Bedingungen) (Dat./Akk.) vor.

8 Bilde mit jedem Verb aus der Tabelle einen Beispielsatz. Trage dann in der Tabelle ein, ob in diesem Satz ein Dativ- oder ein Akkusativobjekt erforderlich ist. Verwende die Verben ohne zusätzliche Präpositionen (also nicht „zeigen auf", sondern nur „zeigen").

1.	zeigen	Dativ	7.	finden	
2.	kennen		8.	schenken	
3.	vertrauen		9.	lieben	
4.	helfen		10.	nehmen	
5.	schreiben		11.	singen	
6.	verbrennen		12.	bauen	

1. Der Kampfrichter zeigt (dem Springer) die Absprungstelle.

2. _____

_____

3. _____

_____

4. _____

_____

5. _____

_____

6. _____
   _____

7. _____
   _____

8. _____
   _____

9. _____
   _____

10. _____
    _____

11. _____
    _____

12. _____
    _____

13. _____
    _____

Regeln

1. Einige Verben sind eng mit Präpositionen (z.B. auf, über, wegen, nach usw.) verbunden. Der **Kasus** (Fall) des Objekts wird bei diesen Verben **durch die Präposition bestimmt**. Man spricht deshalb von **Präpositionalobjekten**.
   Beispiel: *Die Punktetafel zeigt (dem Sportler) das Ergebnis. (Dativobjekt)*

   Der Kampfrichter zeigt (auf den Balken.) (Präpositionalobjekt)

2. Präpositionalobjekte erfragt man durch eine Frage, die mit dem Verb und der Präposition gebildet wird.
   Beispiel: *Dativobjekt: Wem zeigt die Anzeigetafel das Ergebnis?*
   – (dem Sportler)
   Präpositionalobjekt: Auf wen zeigt der Kampfrichter?
   – (auf den Balken)

Übung

9 Bestimme den jeweiligen Kasus (Fall) des eingerahmten Objekts in den Beispielsätzen und notiere hinter dem Satz die Frage.

a) Sie berichtet (den Eltern) am Telefon vom letzten

Wettkampf. _____

b) Sie glaubt (den Vorhersagen) des Trainers.

_____

c) Fast alle Läufer glauben (an den Sieg) im letzten

Rennen. _____

d) Zur schnelleren Orientierung fragt er (die Ordner) .

_____

e) Er fragt (nach dem Weg) in die Umkleidekabine.

_____

Fehler-Check

Bestimme in den folgenden Sätzen die Satzglieder. Unterstreiche dazu die <u>Subjekte</u>, unterschlängele die Prädikate und kreise die (Objekte) ein. Wende die Umstellprobe an, wenn du unsicher bist.

1. Sven und Lars hoffen auf eine Medaille.

2. Der etwas ältere Lars nimmt am Wettkampf im Stabhochsprung teil.

3. Für den Weitsprung ist der jüngere Sven angemeldet.

4. Lars macht Sven Hoffnung auf einen Sieg.

5. Der Trainer hilft beiden Jungen bei der Vorbereitung.

6. Von der Trainingsqualität hängt der Erfolg ab.

7. Lars Eltern werden zum Wettkampf kommen.

8. Svens Eltern haben ein paar Tage Urlaub genommen.

9. Sie erwarten einen guten Wettkampf.

10. Über die wichtigsten Ereignisse werden die Lokalzeitungen berichten.

11. Die Medien versprechen den beiden jungen Sportlern eine sehr erfolgreiche Zukunft.

12. Wir wünschen ihnen viel Glück.

Fehler	0–3 Fehler	4–23 Fehler	mehr als 23 Fehler
	Super!	In Ordnung!	Bitte noch einmal üben!

Adverbiale Bestimmungen richtig bestimmen

Bestimme die Satzglieder.

1. | Erfolgreiche Sportler | | trainieren ~~regelmäßig.~~ | /

      Subjekt   Prädikat

2. | Die meisten | | bereiten | | sich | | ~~mit Geduld~~ |

      Subjekt   Prädikat   ~~Objekt~~   /

| auf die Wettkämpfe | | vor. |

       Objekt   Prädikat

3. | Sportler | | leben | | nachmittags | | ~~auf dem Sportplatz.~~ |

    Subjekt Prädikat   ?   ~~Objekt~~   //

Regeln

1. **Adverbiale Bestimmungen** sind Satzglieder, die die **näheren Umstände eines Sachverhalts oder Geschehens angeben**. Sie sind für das Verständnis eines Satzes zwar wichtig, aber für dessen Vollständigkeit nicht notwendig.

   Beispiel: | *Das Lauftraining* | | *findet statt.* |

          | *Heute* | | *findet* | | *das Lauftraining* | | *statt.* |

          | *Heute* | | *findet* | | *das Lauftraining* | | *im Wald* | | *statt.* |

2. Mithilfe der **Weglassprobe** kannst du herausfinden, ob es sich um eine adverbiale Bestimmung handelt. Der folgende Satz bleibt vollständig, auch wenn man die adverbiale Bestimmung weglässt.

   Beispiel: | *Ein richtiger Sportler* | | *geht* | | *jede Woche* | | *zum Training.* |

          | *Ein richtiger Sportler* | | *geht* | | *zum Training.* |

Übungen

1 Kreise im folgenden Text alle adverbialen Bestimmungen ein. Verwende die Umstell- bzw. Weglassprobe, um sie zu finden.

Lauftraining im Wald

Gestern Nachmittag haben wir im Verein ein leichtes Lauftraining durchgeführt. Unser Trainer hatte zur Abwechslung einen Waldlauf vorgeschlagen. Alle stimmten diesem Vorschlag sofort mit großer Begeisterung zu. Wir sind ganz langsam zum alten Forsthaus gelaufen. Im Garten des Forsthauses haben wir 10 Minuten Pause gemacht. Das Laufen auf dem weichen Waldboden gefällt mir sehr gut. Wegen meiner Knieprobleme laufe ich nicht gerne auf hartem Untergrund. Kurz vor Sonnenuntergang trafen wir wieder im Stadion ein. Nächstes Mal wollen wir bis zur alten Mühle laufen.

Tipp | Man unterscheidet folgende adverbiale Bestimmungen:

Adverbiale Bestimmung ...	Beispiele	Fragen
des Ortes	zur alten Mühle, im Haus	Wohin? Wo?
der Zeit	am Vormittag gestern	Wann? Bis wann? Seit wann?
der Art und Weise	schnell, mit lauter Stimme	Wie?
des Grundes	trotz meiner Schmerzen, vor Kälte	Warum? Weshalb?
des Zwecks	zum Spaß, zur Erholung	Wozu?

2 Bestimme die eingerahmten adverbialen Bestimmungen genauer, indem du in die Klammern „Ort", „Zeit", „Art und Weise", „Grund" oder „Zweck" einträgst.

Sportfest mit Blitz und Donner

Im letzten Sommer (_____Zeit_____) haben wir

auf unserem Vereinsplatz (_____) mit großem Erfolg

(_____) ein Sportfest durchgeführt. Alle Vereinsmitglieder

haben etwas zur Unterhaltung (_____) beigetragen.

Großzügig (_____) haben die Gäste für die Verpflegung

gesorgt. Überall (_____) herrschte eine gute Stimmung.

Wegen des schlechten Wetters (_____) mussten einige

Wettkämpfe und Attraktionen überraschend (_____)

abgesagt werden. Völlig unerwartet (_____) waren

gegen Nachmittag (_____) dunkle Wolken schnell

(_____) aufgezogen. Wenig später (_____)

blitzte es heftig (_____). Kurz darauf (_____)

begann es zu schütten. Zum Schutz vor dem Unwetter

(_____) flüchteten alle ins Vereinsheim. Alle haben die

Situation geduldig und humorvoll (_____) bewältigt.

Nach dem Gewitter (_____) wurde der Sportplatz

gemeinsam (_____) aufgeräumt. Schon bald

(_____) konnte die Feier fortgesetzt werden.

Trotz dieser Unterbrechung (_____) waren alle Gäste

abends (_____) auf dem Heimweg (_____)

zufrieden.

3 Ergänze die Sätze durch adverbiale Bestimmungen, indem du die Informationen in den Klammern verwendest. Achtung: Es gibt meistens mehrere Möglichkeiten, die Sätze zu ergänzen.

a) Das Unwetter hatte größere Schäden angerichtet. (Sportplatz)

Das Unwetter hatte auf dem Sportplatz größere Schäden angerichtet.

b) Die Laufbahn und die Sprunggruben konnten nicht mehr benutzt werden. (große Pfützen)

_____

_____

c) Wir holten Werkzeug. (Säubern der Anlage)

_____

_____

d) Wir sammelten alle Blätter und Äste ein. (viel Geduld, Sprunggruben)

_____

_____

e) Grill und Würstchen hatte man vor einem Regenguss gerettet. (letzte Minute)

_____

_____

f) Die Helfer wurden abends vom Platzwart gelobt. (im Vereinsheim)

_____

_____

Fehler-Check

Schreibe die adverbialen Bestimmungen aus dem Text heraus und bestimme sie genauer.

Unwetter unterbricht Sportfest

Dortmund, 09.10.10 – Ein heftiges Unwetter unterbrach am Samstagnachmittag völlig überraschend das Sommerfest des Sportvereins Grün-Weiß. Fast 1000 Menschen feierten am Samstag in bester Stimmung auf dem Vereinsplatz von Grün-Weiß ihr Sommerfest. Sportliche Wettkämpfe und Spiele sorgten vormittags für gute Unterhaltung. Unter großem Beifall gewann die Vereinsmannschaft recht unerwartet den Staffelwettbewerb. Etwas später sorgte der erst 15-jährige Marco beim Hochsprung für Aufsehen. Wegen plötzlich einsetzenden Starkregens mussten die geplanten Wettkämpfe am Nachmittag ausfallen. Alle Gäste warteten geduldig im Vereinsheim das Ende des Gewitters ab. Wegen des völlig aufgeweichten Bodens konnten nach dem Gewitter auf dem Platz keine Wettkämpfe mehr durchgeführt werden. Ohne Einschränkungen wurde das Sportfest trotz der wetterbedingten Störungen von allen Anwesenden positiv bewertet.

am Samstagnachmittag (Zeit),
_____

_____

_____

_____

_____

_____

	Fehler	0–2 Fehler	3–9 Fehler	mehr als 9 Fehler
		Super!	In Ordnung!	Bitte noch einmal üben!

6 Satzarten

Aussagesatz, Fragesatz oder Aufforderungssatz?

Bestimme die Satzarten und setze die Satzschlusszeichen.

a) Welchen Wettkampf schauen wir uns heute an. /

Fragesatz

b) Gehe doch bitte nicht so langsam !

~~Aussagesatz~~ /

c) Der Wettkampf wird pünktlich beginnen .

Aussagesatz

Regeln

Je nach Redeabsicht unterscheidet man folgende Satzarten:

1. **Aussagesatz:** Etwas wird ohne besonderen Nachdruck ausgesagt.
   Die konjugierte Personalform (<u>trinkt</u>, <u>wird</u> gezeigt, <u>hat</u> gegessen) des
   Prädikats steht an zweiter Stelle des Satzes.
   Der Satz endet mit einem Punkt.
   Beispiel: *Der Turner <u>wird</u> sein ganzes Können zeigen<u>.</u>*

2. **Fragesatz:** Es wird nach etwas gefragt. Die Personalform des Prädi-
   kats steht im Satz an erster Stelle oder folgt unmittelbar nach einem
   Fragewort (z.B. wann, wo oder wie).
   Der Satz endet mit einem Fragezeichen.
   Beispiel: *<u>Wird</u> der Turner sein ganzes Können zeigen können**?***

3. **Aufforderungssatz:** Es wird mit Nachdruck um etwas gebeten oder
   eine Aufforderung ausgesprochen.
   Der Satz endet mit einem Ausrufezeichen und das Prädikat steht
   häufig in der Befehlsform an erster Stelle im Satz.
   Beispiel: *<u>Zeige</u> dein Können, Turner**!** Das schaffst du doch**!***

Übung

1 Um welche Satzart handelt es sich? Setze das richtige Satzschlusszeichen (Punkt, Fragezeichen oder Ausrufezeichen).

Liebe Jessica,

nächste Woche finden bei uns die Turnmeisterschaften statt ☐ Ich

werde auf jeden Fall am Wochenende hingehen ☐ Bist du schon

einmal bei einem Turnfest gewesen ☐ Du solltest diese Gelegenheit

nicht verpassen ☐ Hast du Zeit und Lust mich zu begleiten ☐ Oder

musst du dich auf eine Arbeit vorbereiten ☐ Eine Eintrittskarte könnte

ich für dich auf alle Fälle noch besorgen ☐ Komme doch bitte mit ☐

Eine Pause tut auch dir mal gut ☐ Gib mir schnell Bescheid, ob es bei

dir klappt ☐

Liebe Grüße von Sven

Fehler-Check

Bestimme die Satzart und setze das richtige Satzschlusszeichen.

a) Fairness ist im Sport sehr wichtig ☐ (_____)

b) Geht im Wettstreit fair miteinander um ☐ (_____)

c) Wie wird der fairste Sportler ermittelt ☐ (_____)

d) Zeige anderen, was Fairness bedeutet ☐ (_____)

e) Gesundheit ist wichtiger als Erfolg ☐ (_____)

☐ Fehler	0 Fehler	1 – 4 Fehler	mehr als 4 Fehler
	Super!	**In Ordnung!**	**Bitte noch einmal üben!**

Hauptsatz oder Nebensatz?

Kennzeichne Haupt- und Nebensätze.

a) <u>Die Wettkämpfe wurden abgesagt</u>, <u>weil es regnete</u>.

   Hauptsatz   Nebensatz (~~Temporalsatz~~) |

b) <u>Die Sportler klatschen laut</u>, <u>als die Siegerehrung begann</u>.

   ~~Nebensatz~~   Nebensatz (Temporalsatz) |

Regeln

Texte bestehen meistens aus Haupt- und Nebensätzen.

1. Ein **Hauptsatz** ist ein **selbstständiger Satz**, der auch alleine stehen kann. Die Personalform des Prädikats (der konjugierbare Teil) steht im Hauptsatz in der Regel als zweites Satzglied.
    Beispiel: *Die Schwimmwettkämpfe <u>finden</u> im Hallenbad <u>statt</u>.*
    Das Wetter <u>ist</u> sehr <u>schlecht</u>.

2. Ein **Nebensatz** kann **nicht alleine stehen**, sondern bezieht sich immer auf einen Hauptsatz, bei dem er steht. Ein Nebensatz lässt sich daran erkennen, dass das Prädikat immer am Ende steht. Nebensätze werden durch ein Komma vom Hauptsatz getrennt.
    Beispiel: *Die Schwimmwettkämpfe <u>finden</u> im Hallenbad <u>statt</u>, **weil das Wetter sehr schlecht <u>ist</u>**. (Hauptsatz und **Nebensatz**)*

    Nebensätze können …
    –   **vor dem Hauptsatz** stehen (Kopfstellung): *<u>Weil das Wetter sehr schlecht ist</u>, finden die Wettkämpfe im Hallenbad statt.*
    –   **nach dem Hauptsatz** stehen (Endstellung): *Die Wettkämpfe finden im Hallenbad statt, <u>weil das Wetter sehr schlecht ist</u>.*
    –   **in den Hauptsatz eingebettet** sein (Mittelstellung): *Die Wettkämpfe finden, <u>weil das Wetter sehr schlecht ist</u>, im Hallenbad statt.*

Übungen

1 Unterstreiche die Hauptsätze und unterschlängele die Nebensätze.

Die Schwimmwettkämpfe müssen in diesem Jahr in der Halle ausgetragen werden, da die Wettervorhersagen ungünstig sind. In der
nächsten Woche soll es immer wieder kräftig regnen. Außerdem soll
es für diese Jahreszeit bereits recht kühl werden. Die Vorsichtsmaßnahme ist notwendig, damit Verletzungen bei den Sportlern vermieden werden. Im Hallenbad wird es für die Zuschauer allerdings etwas
eng werden. Wenn es das Wetter doch noch erlauben sollte, werden
bestimmte Veranstaltungen nach draußen verlegt. Vor allem den
Turmspringern wäre das lieber. Der Sprungturm im Hallenbad ist in
keinem besonders guten Zustand. Außerdem spiegelt sich das Licht,
wenn es durch die großen Scheiben des Hallenbades fällt, auf der
Wasseroberfläche. Die Springer können deshalb nicht so gut sehen,
wann sie in das Wasser eintauchen. Den Schwimmern gefällt allerdings die Stimmung im Hallenbad immer gut. Sie mögen es, wenn das
Publikum sie lautstark anfeuert. In der Halle sind Anfeuerungsrufe
und Beifall viel deutlicher zu hören.

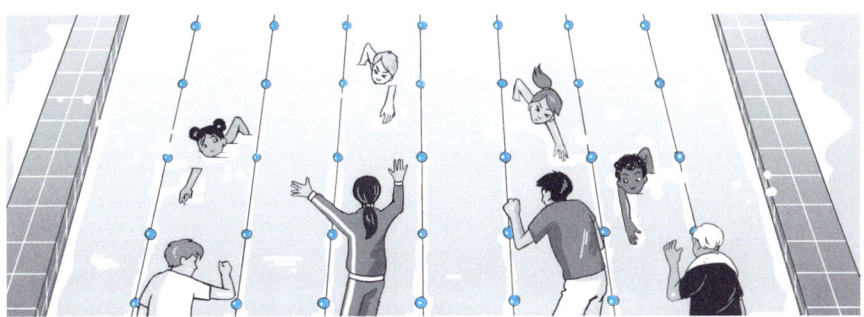

Tipp | Eine Aneinanderreihung von Hauptsätzen nennt sich **Satzreihe**. Von einem **Satzgefüge** spricht man, wenn Haupt- und Nebensatz miteinander verbunden sind.
Beispiel: _Satzreihe: Der Turner zeigt einen gekonnten Doppelsalto. Das Publikum ist begeistert._
Satzgefüge: Das Publikum ist begeistert, weil der Turner einen gekonnten Doppelsalto zeigt.

2 Verbinde die folgenden Sätze zu einem Satzgefüge.

a) Die Wettkämpfe im Turnen sind immer besonders gut besucht.
Man bekommt sensationelle Übungen geboten.

_____

_____

_____

b) Die Halle ist stets ausverkauft.
Die jungen Turnerinnen präsentieren ihre Bodenkür.

_____

_____

_____

c) Die Männer zeigen gewagte Übungen am Reck und an den Ringen.
Dem Publikum stockt der Atem.

_____

_____

_____

3 Schreibe den Text ab. Fasse einige Sätze zu Satzgefügen zusammen, damit es flüssiger klingt. Du kannst die Reihenfolge der Sätze in den Satzgefügen natürlich umstellen.

Begeisterung pur

Ich bin selbst eine begeisterte Turnerin. Ich bewundere das Können der anderen. Kurz vor Ende der Veranstaltung gehe ich meistens schon zum Seitenausgang der Halle. Ich sammle seit langem Autogramme von bekannten Sportlern. Wer zu spät kommt, hat keine Chance. Alle Sportler wollen nach einem anstrengenden Tag schnell nach Hause. Nach der Siegerehrung kommen alle Zuschauer aus der Halle. Es gibt immer ein großes Gedränge. Ich kaufe jedes Mal die Programmhefte. Die Sportler können direkt unter ihrem Bild unterschreiben.

_____

_____

_____

_____

_____

_____

_____

_____

_____

_____

_____

_____

Regeln

1. Adverbialsätze sind eine Gruppe von Nebensätzen, die die Umstände eines Geschehens näher erläutern.
   Man unterscheidet folgende Arten von Adverbialsätzen:
   - **Lokalsatz** (Ort, Richtung): *Alle sahen auf die Stelle, <u>wo</u> die Turnerin gerade gestanden hatte.*
   - **Temporalsatz** (Zeit): *Alle klatschten, <u>als</u> die Turnerin in die Halle kam.*
   - **Modalsatz** (Art und Weise): *Sie bedankte sich, <u>indem</u> sie sich verbeugte.*
   - **Kausalsatz** (Grund): *Voriges Jahr konnte die Turnerin nicht am Wettkampf teilnehmen, <u>weil</u> sie verletzt war.*
   - **Finalsatz** (Zweck): *Sie war sehr vorsichtig, <u>damit</u> sie sich nicht wieder verletzte.*

2. In manchen Fällen können Adverbialsätze die Aufgabe einer adverbialen Bestimmung übernehmen.
   Beispiel: *<u>Wegen einer Verletzung</u> kann der Turner nicht am Wettkampf teilnehmen.* → *Der Turner kann nicht am Wettkampf teilnehmen, <u>weil er verletzt ist</u>. (Kausalsatz)*

Übungen

4 Formuliere die unterstrichenen adverbialen Bestimmungen in Nebensätze (Adverbialsätze) um.

a) <u>Beim Turnen auf dem Schwebebalken</u> benötigen die Turnerinnen völlige Ruhe in der Halle.

Die Turnerinnen benötigen völlige Ruhe in der Halle, wenn sie auf dem

Schwebebalken turnen.

b) <u>Wegen der großen Verletzungsgefahr</u> ist beim Turnen auf dem Schwebebalken absolute Konzentration erforderlich.

_____

_____

c) Das Publikum darf erst <u>nach Abschluss der ganzen Übung</u> klatschen.

_____

_____

d) <u>Für die sichere Landung</u> am Ende der Kür liegt eine Weichbodenmatte bereit.

_____

_____

e) <u>An der Landestelle der Turnerin</u> steht der Trainer zur Sicherung bereit.

_____

_____

f) <u>Durch das Ausbreiten der Arme</u> kommt die Turnerin bei der Landung ohne Hilfestellung aus.

_____

_____

Tipp | Die Konjunktionen (Bindewörter), die Nebensätze häufig einleiten, lassen erkennen, um welche Art von Nebensatz es sich handelt.

Art des Nebensatzes	Konjunktionen
Lokalsatz	wo, woher, wohin
Temporalsatz	als, nachdem, während, bevor
Modalsatz	indem, dadurch dass
Kausalsatz	weil, deshalb, da
Finalsatz	damit, dass, auf dass, um zu

5 Füge die passende Konjunktion (wo, als, indem, weil, …) ein.

a) Nina wird in ihrer Mannschaft als faire Sportlerin geschätzt, _____

sie immer hilfsbereit ist.

b) Sie tut sich besonders hervor, _____ sie in ihrer Mannschaft für

Ruhe sorgt.

c) _____ andere etwas gemerkt haben, ist sie schon zur Stelle.

d) Sofort geht sie dahin, _____ ein Streit entstehen könnte.

e) _____ andere erst einmal überlegen, hat Nina schon längst

gehandelt.

f) Sie sucht ständig das Gespräch mit den Gegenspielerinnen, _____

eine entspannte Atmosphäre herrscht.

g) Bereits bestehende Konflikte versucht sie zu lösen, _____ sie

darüber spricht.

h) Alle möchten Nina gerne in ihrer Mannschaft haben, _____ sie

so beruhigend auf die Spielgestaltung wirkt.

i) Beim letzten Spiel, _____ Nina krank war, hat man das sofort an

der Stimmung der Mannschaft gemerkt.

j) _____ die anderen ihrem Beispiel folgen, ist Nina öffentlich vom

Trainer gelobt worden.

k) _____ Nina diese Auszeichnung erhalten hatte, versuchten ihre

Mitspielerinnen, auch fairer zu sein.

Regeln

1. **Relativsätze** werden nicht mit einer Konjunktion (als, weil ...), sondern mit einem **Relativpronomen** (der, die, das) **eingeleitet**. Das Relativpronomen bezieht sich auf das Bezugswort, zu dem der Relativsatz gehört. Es richtet sich in Geschlecht, Person und Numerus nach dem Bezugswort und steht direkt dahinter.
   Beispiel: *Besonders viel Beifall erntete der Turner, <u>der gerade seine Kür am Barren gezeigt hatte</u>.*
   Besonders viel Beifall erntete die Turnerin, <u>die gerade ihre Kür am Stufenbarren gezeigt hatte</u>.
   Die Turnerin erntete Beifall vom Publikum, <u>das begeistert war</u>.

2. Der Relativsatz wird durch Komma vom Hauptsatz abgetrennt. Oft wird der Relativsatz auch von Kommas eingerahmt, da er häufig in Mittelstellung steht.
   Beispiel: *Die Turnerin, <u>die gerade ihre Kür am Stufenbarren gezeigt hatte</u>, erhielt besonders viel Beifall.*

Übungen

6 Unterstreiche die Relativsätze und kreise die Relativpronomen ein.

Über den Rücken des Pferdes

Die Turner, die über das Pferd springen wollen, benötigen sehr viel Anlauf. Den Anlauf, den sie brauchen, legen sie bereits im Training genau fest. Häufig kennzeichnen sie die Startposition mit einem Maskottchen, das sie neben die Laufbahn legen. Es soll dem Springer, dem es gehört, Glück bringen.

7 Unterstreiche die Relativsätze. Füge die fehlenden Kommas ein.

Alle Springer, <u>die am Wettkampf teilnehmen,</u> sind etwas abergläubisch. Keiner würde das Maskottchen das einem anderen gehört anfassen oder gar verschieben. Vor jedem Sprung kontrollieren die Trainer die ihre Schützlinge betreuen die richtige Position des Absprungbrettes. Ein Absprungbrett das falsch liegt führt zu großen Problemen beim Sprung. Der richtige Absprung ist entscheidend für die Qualität der Flugphase die der Springer erreicht. Das Kampfgericht das den Sprung bewertet beurteilt vor allem auch die einwandfreie Landung. Ein Springer der bei der Landung wackelt erhält deutliche Punktabzüge.

8 Setze die fehlenden Relativpronomen in der richtigen Form ein.

Die Anzeigetafel zeigt dem Sportler, _____ gerade gesprungen ist, welche Punktzahl er insgesamt erhalten hat. Nach dem dritten Versuch werden alle Ergebnisse, _____ ein Springer erreicht hat, zusammengezählt. Die Tafel zeigt den Springern, _____ noch einen letzten Sprung haben, welche Punktzahl sie noch benötigen, um zu den Siegern zu gehören. Am Ende des Wettkampfs blinken die Namen derjenigen, _____ die ersten drei Plätze belegt haben.

Denen,_____ gewonnen haben, sieht man an, wie glücklich sie darüber sind. Diejenigen, _____ nicht zu den Siegern gehören, werden meistens sofort von ihren Trainern getröstet.

Fehler-Check

Unterstreiche die Nebensätze und bestimme sie genauer.

a) Fairness im Sport ist sehr wichtig, damit Verletzungen vermieden werden. (_____)

b) Unfälle im Sport passieren meistens, weil die Sportler zu wenig Rücksicht aufeinander nehmen. (_____)

c) Nachdem ein Wettkampf richtig begonnen hat, fällt Zurückhaltung häufig besonders schwer. (_____)

d) Indem man sich selbst im Zweikampf kontrolliert, kann man seinen Gegner schonen. (_____)

e) Wo Gefahren lauern, muss man besonders vorsichtig miteinander umgehen. (_____)

f) Während jemand verletzt am Boden liegt, sollten die anderen nicht einfach weitermachen. (_____)

g) Jeder sollte Rücksicht auf andere nehmen, weil man selbst auch Rücksicht erwartet. (_____)

h) Ein Sportler, der sich fair verhält, ist ein Vorbild für andere. (_____)

	Fehler	0–1 Fehler	2–7 Fehler	mehr als 7 Fehler
[ ]		Super!	In Ordnung!	Bitte noch einmal üben!

Lösungen

Kapitel 1: Nomen

Nomen sicher erkennnen

Seite 6

❶ Ärger bei den Affen

Bei den Affen gab es Ärger, weil die Tiere sich um einen Lappen stritten, den sie dem Tierpfleger aus der Hosentasche gestohlen hatten. Das kleinste Tier der Gruppe erwischte schließlich das Tuch und flüchtete damit auf den höchsten und dünnsten Ast des Kletterbaums im Gehege. Aus Übermut winkte es seinen Verfolgern mit dem Putztuch zu und klatschte sich selbst heftig Beifall.

❷

hoffen	Hoffnung	entdecken	Entdeckung
nützlich	Nützlichkeit	versäumen	Versäumnis
warnen	Warnung	bescheiden	Bescheidenheit
frech	Frechheit	richtig	Richtigkeit
erzählen	Erzählung	einsam	Einsamkeit
gestehen	Geständnis	leiten	Leitung

Seite 7

Fehler-Check

Fütterung der Seelöwen

Auf dem Weg zu den Seelöwen musste Benjamin einer Umleitung folgen, da Bauarbeiter mit der Verlegung eines Kanalrohrs beschäftigt waren. Benjamins Eltern zeigten Verständnis dafür, dass er sie zur Eile antrieb. Eine gewisse Pünktlichkeit war schon notwendig, wenn man einen guten Platz vor dem Becken haben wollte. Bei seiner Ankunft stellte Benjamin mit Zufriedenheit fest, dass er für den Beginn der Fütterung noch nicht zu spät war. In gespannter Erwartung hatten sich alle Tiere bereits vor der Gittertür eingefunden, durch die der Tierpfleger im nächsten Augenblick mit dem Eimer voller Fische kommen musste. Wegen der Verzögerung kam etwas Unruhe bei den Tieren auf.

Seite 9

Geschlecht und Numerus des Nomens

❶

Maskulinum	Femininum	Neutrum
der Hund	die Sonne	das Schwein
der Mond	die Stille	das Trampolin
der Nachbar	die Pumpe	das Geschirr
der Geschirrspüler	die Dachlatte	das Hallenbad
der Wattetupfer	die Mumie	das Halsband

2

Nomen	Geschlecht	Bedeutung
Steuer	das Steuer	Lenkrad im Auto bzw. beim Schiff
	die Steuer	Abzug vom Gehalt durch das Finanzamt
Tau	der Tau	Feuchtigkeit auf Pflanzen am Morgen
	das Tau	ein derbes Seil
Band	der Band	ein Teil eines Lexikons, einer Buchreihe
	die Band	eine Musikgruppe
	das Band	eine Schnur
Kiefer	die Kiefer	ein Nadelbaum
	der Kiefer	knochiger Teil des Mundes
See	der See	ein Binnengewässer
	die See	anderer Begriff für ‚Meer'

3 Schreck am Nachmittag Seite 10

Wir hatten uns beim Abstellen unserer Fahrräder selbst in der Garage eingesperrt, da beide Tore sich automatisch geschlossen hatten. Heftiges Klopfen und laute Schreie halfen nichts. Zum Glück ließen zwei kleine Fenster etwas Licht in die Dunkelheit. Auszusteigen war aber unmöglich, da Gitterstäbe zum Schutz von Einbrechern angebracht waren. Wir untersuchten die Kiste/Kisten, Plastiktüte/ Plastiktüten und Geräte, die in den Ecken herumlagen, nach möglichem Werkzeug.

4 Geschwister – Mutter – Laub – Ferien – Hobby – Gold – Bild – Trümmer – Gast – Getreide – Garten – Gebirge – Gans – Schuh – Pocken – Obst – Frucht – Kälte – Lehrer – Möbel – Haus – Leute

Fehler-Check Seite 11

Befreiung aus der Garage

Die dunkle Garage war fast zwei Stunden unser Gefängnis. Da unsere Eltern in der Stadt zum Einkaufen waren, hofften wir, dass unsere Nachbarn etwas merken würden. Alle Versuche hatten gezeigt, dass sich das Garagentor/die Garagentore von innen nicht öffnen ließen. Der Wagenheber, die kleine Gartenharke und andere Gegenstände, die wir in der Garage gefunden hatten, waren als Werkzeug ungeeignet. Erst gegen Abend haben meine beiden Schwestern unser Fehlen bemerkt. Die Fernbedienung, die sie aus dem Haus holten, funktionierte zum Glück. Auch unsere technisch interessierten Väter konnten sich das Problem nicht wirklich erklären.

Nomen im richtigen Fall verwenden

Seite 13 ❶

Singular	Nominativ	der Hund	die Schwester	das Haus
	Genitiv	des Hundes	der Schwester	des Hauses
	Dativ	dem Hund	der Schwester	dem Haus
	Akkusativ	den Hund	die Schwester	das Haus

Plural	Nominativ	die Hunde	die Schwestern	die Häuser
	Genitiv	der Hunde	der Schwestern	der Häuser
	Dativ	den Hunden	den Schwestern	den Häusern
	Akkusativ	die Hunde	die Schwestern	die Häuser

❷ **Spaß im neuen Freibad**

Schon der Eingangsbereich des Schwimmbades ist nach der Renovierung vollständig geändert. Große farbige Tafeln weisen dem Badegast/den Badegästen den Weg zu den Umkleidekabinen. Für die Babys gibt es ein Planschbecken. Die Temperatur des Beckens beträgt 30 Grad Celcius. Das große Schwimmbecken lockt mit seinen 50-Meter-Bahnen die Sportschwimmer. Die Wasserrutschen aber ziehen die Kinder an. Für den Angsthasen/die Angsthasen gibt es eine ganz flache Rutsche; für die Mutigen eine Turbo-Rutsche, auf der man flach auf dem Rücken liegend in die Flut/die Fluten schießt. Das Gefälle ist den Erwachsenen meist viel zu steil. Sie gehen lieber in die Ruhezone, um dort auszuspannen. Wer keine Liege mehr bekommt, legt sein Badetuch auf den Rasen. An dieser Stelle des Bades stört das Geschrei bei der Rutsche/den Rutschen kaum. Nur die laute Stimme des Bademeisters ist von Zeit zu Zeit zu hören, wenn er durch den Lautsprecher/die Lautsprecher Gäste ermahnt, die sich nicht an die Baderegeln halten. Auf jeden Fall hat sich der Umbau der Freizeitanlage für den Badegast/die Badegäste gelohnt. Wenn es morgen in der Schule Hitzefrei gibt, werde ich wieder schwimmen gehen.

Seite 15 ❸

Nomen	Genus	Numerus	Fall
des Menschen	Maskulinum	Singular	Nominativ
der Katze	Femininum	Singular	Genitiv, Dativ
den Gärtnern	Maskulinum	Plural	Dativ
das Boot	Neutrum	Singular	Nominativ, Akkusativ
den Lehrerinnen	Femininum	Plural	Dativ

4 So können die Beispielsätze aussehen:

Das Instrument gehört <u>dem Musiker</u>.

Heute war ich auf der Weide bei <u>den Pferden</u>.

Der Rahmen <u>des Bildes</u> ist schief.

Ich betrete das Zimmer <u>der Schwester</u>.

Ich gebe <u>der Schwester</u> das Buch zurück.

5 a) Heute fahren wir in den Zoo. (Akkusativ) Seite 16

b) Der Zoo liegt in dem Teil der Stadt, den ich gut kenne. (Dativ)

c) Maria sitzt in dem Apfelbaum auf der linken Seite des Gartens und beobachtet, wie Peter in den anderen Baum klettert. (Dativ/Akkusativ)

d) Die Tante will mit den Kindern spielen und legt das Spielbrett deshalb auf den Tisch. (Dativ/Akkusativ)

e) Die Oma liest ihren Enkeln aus dem Märchenbuch vor, das sonst in der Kommode aufbewahrt wird. (Dativ/Dativ)

f) Pia bringt dem großen Bruder ein Tuch in den Garten. (Dativ/Akkusativ)

g) Er setzt sich mit dem Stuhl an den gedeckten Tisch. (Dativ/Akkusativ)

h) Mit dem Zug sind wir schneller als mit dem Bus. (Dativ/Dativ)

i) Sven fährt mit dem Rad über den Marktplatz. (Dativ/Akkusativ)

Fehler-Check Seite 17

a) **Mein neues Mountainbike**

Gestern bin ich mit den Eltern und den <u>Geschwistern</u> in die Stadt gefahren, um ein neues <u>Mountainbike</u> für mich zu kaufen. Die <u>Angebote</u> in dem ersten Geschäft, das wir aufsuchten, waren sehr günstig. Obwohl mir die Farben nicht gefielen, hätte ich wegen des <u>Preises</u>/dem <u>Preis</u> dem Wunsch der Eltern fast nachgegeben. Im <u>Lager</u> des <u>Geschäftes</u> befand sich zum Glück das angebotene Rad noch in der richtigen Farbe. Man muss den <u>Träumen</u> und der Hoffnung einfach etwas Zeit und Raum geben.

b) Fahrrad   Neutrum, Singular, Nominativ/Akkusativ

die Farben   Femininum, Plural, Nominativ/Akkusativ

im Lager   Neutrum, Singular, Dativ

Bestimmter oder unbestimmter Artikel?

Seite 19 ➊ **Stromausfall**

Sarah war 11 Jahre alt, als ihre Eltern sie eines/~~des~~ Abends zum ersten Mal alleine in ~~einer~~/der Wohnung ließen, weil sie zu einer/~~der~~ kranken Bekannten gehen wollten. Sarah setzte sich gemütlich in ~~einen~~/den Fernsehsessel ihres Vaters, um sich einen/~~den~~ Film im Fernsehen anzusehen. Da gab es plötzlich einen/~~den~~ lauten Knall und die ganze Wohnung war stockfinster. ~~Ein~~/Der Knall kam so überraschend, dass Sarah vor Schreck einen/~~den~~ Schrei ausstieß und ein/~~das~~ Glas mit Orangensaft, das sie sich kurz zuvor aus ~~einem~~/dem Kühlschrank geholt hatte, auf ~~einen~~/den Teppich fallen ließ. Wahrscheinlich hatte es einen/~~den~~ Kurzschluss gegeben und eine Sicherung war herausgesprungen. Sarah wusste, dass es im Keller einen/~~den~~ Sicherungskasten geben musste. Sie nahm sich vor, ~~einen~~/den Kasten im Keller zu suchen. Dunkler als in ~~einem~~/dem Wohnzimmer konnte es in ~~einem~~/dem Keller nicht sein. Gerade in ~~einem~~/dem Augenblick, als sie ~~eine~~/die defekte Sicherung gefunden hatte, hörte sie ~~einen~~/den Wagen ihrer Eltern in ~~einer~~/der Garage. Auch wenn ~~ein~~/das Licht wieder brannte, war Sarah froh.

Seite 20 ➋

	Nominativ	ein Bauer	eine Geige	ein Pferd
	Genitiv	eines Bauern	einer Geige	eines Pferdes
	Dativ	einem Bauern	einer Geige	einem Pferd
	Akkusativ	einen Bauern	eine Geige	ein Pferd

(Spalte links: Singular)

Fehler-Check

Deutsche Sprichwörter

Ein blindes Huhn findet auch mal ein Korn.

Auf einem Bein kann man nicht stehen.

Der frühe Vogel fängt den Wurm.

Die Zeit heilt alle Wunden.

Einem nackten Mann kann man nicht in die Tasche fassen.

Eine Hand wäscht die andere.

Der Hunger kommt beim Essen.

Der Klügere gibt nach.

Den Nagel auf den Kopf treffen.

Einen alten Baum verpflanzt man nicht.

Kapitel 2: Pronomen

Personalpronomen: Wiederholungen vermeiden

❶ Unfreiwillige Zeugen Seite 22

Kai und Lars hatten beobachtet, wie zwei maskierte Männer in die Bank einstiegen. Sie kamen zufällig beim Gassi gehen mit ihrem Hund Rex an der Bank vorbei. Er schlug an, als sie sich der Bank näherten. Kai wollte sofort umkehren, aber Lars forderte ihn zum Bleiben auf. Kai* war kein Angsthase, meinte aber, es sei besser Hilfe zu holen. Gemeinsam versuchten sie, Rex zu beruhigen, damit die Einbrecher nicht auf sie aufmerksam wurden. Noch schienen die Einbrecher aber nicht bemerkt zu haben, dass sie beobachtet wurden. Der größere Mann half dem kleineren beim Einstieg in ein aufgebrochenes Fenster der Bank. Mit dem Rücken an die Wand gelehnt, bildete er mit den Händen eine Art Trittleiter. Lars wollte noch dichter an das Bankgebäude heran, als auch der größere Mann schließlich im Fenster verschwunden war.

* „Kai" darf hier nicht durch ein Pronomen ersetzt werden, da bei Verwendung von „er" der Bezug nicht eindeutig wäre.

❷ a) Der größere Mann half ihm beim Einsteigen. (der kleinere Mann) Seite 23

b) Im Fenster stehend zog er ihn zu sich hoch. (der größere Mann)

c) Die Einbrecher hatten sie noch nicht bemerkt. (die Jungen)

d) Aus der Entfernung schauten wir ihnen zu. (die Einbrecher)

e) Wir hielten ihm die Schnauze zu. (Rex, der Hund)

f) Jetzt konnte er nur noch leise winseln. (Rex)

❸ Kais Bericht

Lars und ich/~~Wir~~ haben gestern Abend zufällig zwei Männer in der Nähe der Sparkasse an der Scharnhorststraße beobachtet. ~~Die Männer~~/Sie fielen ~~Lars und mir~~/uns auf, weil unser Hund Rex plötzlich zu knurren begann. ~~Rex~~/Ihm und ~~Lars und mir~~/uns kam das Verhalten der Männer sofort sehr merkwürdig vor. ~~Lars~~/Er wollte unbedingt alles ganz genau aus der Nähe beobachten. Ich konnte ~~Lars~~/ihn einfach nicht aufhalten, sich unnötig in Gefahr zu begeben. ~~Rex~~/Er war auch kaum zu beruhigen und hätte ~~Lars und mich~~/uns fast verraten. Ich wollte ~~diesen Männern~~/ihnen in der Dunkelheit auf keinen Fall zu nahe kommen. Zum Glück hat die Alarmsirene ~~die Männer~~/sie vertrieben, bevor etwas Schlimmeres passiert ist.

Fehler-Check

Julia als Kommissarin

Gestern Nachmittag war Julia in der Stadt, denn morgens hatte <u>Julia</u> in einem Prospekt eine Bluse und eine Hose entdeckt. (Sie) war in ihrer Größe aber leider schon ausverkauft. Wenigstens gab es die Hose noch. An der Kasse stellte Julia sich mit der Hose in die Schlange. (Sie) war zum Glück nicht zu lang. Während des Wartens beobachtete sie zufällig eine gut gekleidete Frau. (Sie) war ziemlich überrascht. (Sie) steckte blitzschnell einen Pullover unter ihren Mantel. (Er) war recht dünn, sodass <u>der Pullover</u> unter dem Mantel kaum auffiel. Gerade als (sie) ihr folgen wollte, fiel ihr die noch nicht bezahlte Hose wieder ein. (Sie) stellte sich vor, was wäre, wenn plötzlich ein Hausdetektiv auftauchte: <u>Der Hausdetektiv</u> könnte Julia für eine Diebin halten. Mit der unbezahlten Hose in der Hand müsste <u>dem Hausdetektiv</u> <u>Julias</u> Verhalten verdächtig vorkommen. Julia wurde durch Geschrei aus ihren Gedanken gerissen. Die junge Frau mit dem Pullover unter dem Mantel war von einer Kassiererin gestoppt worden. (Sie) war dabei ziemlich aufgeregt und wurde laut. „Gut, dass ich (ihr) nicht gefolgt bin", dachte (sie,) als sie nach dem Bezahlen das Kaufhaus verließ.

Possessivpronomen: Zuordnungen schaffen

❶ **Liebe Nadja,**

leider habe ich deinen letzten Brief erst heute lesen können. Für zwei Wochen war ich mit meiner Schwester und meinen Eltern nämlich in Südfrankreich. Auf dem Bild siehst du unser Hotel, in dem wir gewohnt haben. Stell dir einmal vor, am Strand, der zu unserem Hotel gehörte, habe ich meine/deine/unsere ehemalige Mitschülerin Anne aus der 6 b getroffen. Sie wohnte mit ihren Eltern zufällig im selben Hotel.

Liebe Grüße von Hannah

❷ a) In die Ferien fahre ich immer mit <u>meinen</u> Brüdern.

   b) Die Campingausrüstung leihen wir uns bei <u>unseren</u> Freunden.

   c) Das Zelt <u>meiner Brüder</u> ist etwas größer, da sonst <u>ihre</u> Luftmatratzen nicht
      hineinpassen.

   d) Für <u>ihre Rucksäcke</u> ist trotzdem kaum noch Platz.

   e) <u>Eure Wanderkarten haben</u> uns schon gute Dienste geleistet.

3 a) Wenn <u>ich</u> in diesem Urlaub das Surfen lerne, geht einer meiner größten
Wünsche in Erfüllung.

b) Falls <u>wir</u> alle die Surf-Prüfung schaffen, werden wir unseren Erfolg ordentlich
feiern.

c) Ohne Zweifel wird <u>sie</u> ihr Bestes geben.

d) <u>Ihr</u> müsst euch genauso anstrengen, um eure Surfscheine zu bekommen.

e) Auch <u>du</u> freust dich, wenn deine Anstrengungen sich am Ende gelohnt haben.

Fehler-Check Seite 27

Freizeit am Gardasee

Der Gardasee in Italien ist mein/euer ideales Urlaubsziel. Wenn ihr nicht nur den
ganzen Tag am Strand eures Hotels in der Sonne liegen wollt, könnt ihr in der Surfschule am See euren Surfschein machen oder eine geführte Tour mit euren eigenen
Mountainbikes erleben. Vor dem Start überprüfen die Betreuer die Tauglichkeit
eurer Bikes und zeigen euch, in welcher Position sich euer Lenker und eurer Sattel
befinden sollten. Sie führen ihren Job immer sehr gewissenhaft aus, da sie für
euer Vergnügen und eure Gesundheit verantwortlich sind. Ihre Erfahrung ist eure
Garantie für ein tolles Erlebnis. Für mich war allerdings meine erste Bergtour das
größte Erlebnis bei meinem letzten Urlaub am Gardasee. Gemeinsam mit meiner
älteren Schwester sind wir mit dem Sessellift direkt neben unserem Hotel zur
Bergstation gefahren. Vor der Auffahrt hat unsere Bergführerin unsere Ausrüstung
gründlich überprüft. Für meine Schwester und mich war das der Start zu einem
spannenden Abenteuer. Wir werden unseren nächsten Urlaub wieder am Gardasee
verbringen.

Kapitel 3: Adjektive

Adjektive richtig verwenden

1 **Startschwierigkeiten auf der Modellbau-Messe** Seite 29

Wir hatten uns einen <u>schlechten</u> Tag für unseren Besuch auf der Modellbau-Messe
ausgesucht. Es war ein besonders <u>heißer</u> Tag und die <u>lange</u> Anfahrt mit dem
<u>überfüllten</u> Zug war (fürchterlich). In dem <u>ausgebuchten</u> Zug funktionierte die
Klimaanlage nicht. (Verschwitzt) machten wir uns vom Bahnhof aus auf den <u>ausge-
schilderten</u> Weg zum Messegelände. Der Fußweg war (kurz), aber vor den wenigen

Kassen, die (geöffnet) waren, standen überall <u>lange</u> Schlangen. Das <u>endlose</u> Warten in der Schlange war (langweilig) und wir waren (müde), als wir endlich die <u>weitläufigen</u> Hallen mit den <u>interessanten</u> Ständen betreten konnten. Eine <u>nette</u> Dame in <u>blauer</u> Uniform überreichte uns am Informationsstand einen <u>farbigen</u> und <u>übersichtlichen</u> Lageplan zur <u>schnellen</u> Orientierung auf dem <u>riesigen</u> Gelände.

2 Alles war ziemlich spannend, aber wir mussten uns erst bei einem kühlen Getränk in einem der kleinen Cafés auf dem Messegelände erholen. An den anderen Tischen saßen schon zahlreiche Besucher, die schwere Plastiktüten auf die Tische gewuchtet hatten, in denen sich farbige Prospekte und umfangreiches Informationsmaterial zu neuen Modellen befanden. Das machte uns sehr neugierig auf das aktuelle Angebot und wir wollten mit dem Rundgang durch die Hallen beginnen. Zunächst nahmen wir uns vor, die Halle mit dem runden Wasserbecken aufzusuchen, um die ferngesteuerten Schiffsmodelle in Aktion zu sehen. Die Halle war überfüllt und der freie Blick auf die geschickten Manöver der Modellkapitäne war teilweise versperrt. Was wir zu sehen bekamen, war aber traumhaft.

Seite 30

3

		Femininum	Neutrum
Singular	**Nominativ**	die schnelle Fähre	das schöne Boot
	Genitiv	der schnellen Fähre	des schönen Boot(e)s
	Dativ	der schnellen Fähre	dem schönen Boot
	Akkusativ	die schnellen Fähren	das schöne Boot
Plural	**Nominativ**	die schnelle Fähre	die schönen Boote
	Genitiv	der schnellen Fähren	der schönen Boote
	Dativ	den schnellen Fähren	den schönen Booten
	Akkusativ	die schnellen Fähren	die schönen Boote

Seite 31

4 Wettstreit der Schiffsmodelle

Ein Höhepunkt dieser unterhaltsamen (Fem.) Veranstaltung waren die spannenden (Mask.) Wettkämpfe in den verschiedenen (Fem.) Bootsklassen. Bei den wendigen (Neut.) Segelschiffen kam es weniger auf die hohe (Fem.) Geschwindigkeit, sondern vielmehr auf die möglichst schnelle (Fem.) Wende beim Umfahren der roten (Fem.) und blauen (Fem.) Bojen an. Die kleinen (Mask.) Kapitäne der eher schwerfälligen (Mask.) und sehr breiten (Mask.) Tanker mussten zeigen, dass sie im engen (Neut.) Hafenbecken gut manövrieren konnten.

Seite 32

5 a) Mir gefielen die eleganten Segelschiffe besonders gut.

b) Mein Freund fand die lauten und schnellen Sportboote besser.

c) Aus den Kabinen des großen Luxusdampfers fiel ein heller Lichtschein auf die blanke Wasseroberfläche.

d) Ein breites Containerboot besaß sogar einen elektrischen Kran.

e) Der alte Viermaster war ein sehr teures Liebhabermodell.

f) Mit sicherer Hand steuerte die stolze Besitzerin ein langes U-Boot in das schmale Hafenbecken.

g) Die begeisterten Zuschauer sparten nicht mit kräftigem Applaus und lobenden Kommentaren.

h) Ich kaufte kurz entschlossen einen nicht sehr anspruchsvollen Bausatz für ein niedliches Floß aus künstlichen Baumstämmen.

i) Ein hübscher Mast mit einem faltbarem Segel gehörte ebenfalls zum Lieferumfang.

j) Ein passender Ständer war als Zubehör erhältlich.

k) Nach langem Basteln hatte ich ein kleines, fahrtüchtiges Floß.

Fehler-Check

Seite 33

a) Sowohl die winzigen als auch die großen Motorradmodelle in Halle 4 waren (einmalig). Die dicken Reifen auf blanken Chromfelgen und die gewaltigen Auspuffrohre waren (anziehend) und wurden vom fachkundigen Publikum bestaunt. Es war (unvorstellbar), dass ein Großteil der feinen Bauteile (beweglich) war. Selbst die zierlichen Spiegel waren in Höhe und Neigung verstellbar. Der Wechsel zwischen matter und glänzender Farbe auf den Bauteilen war (aufwendig), aber (gelungen).

b) Eine schwarze BMW mit silbernen Streifen fesselte unsere vollständige Aufmerksamkeit. Bewegliche Räder und eine funktionsfähige Lenkung mit richtiger Federung gehörten zum umfangreichen und kostspieligen Bausatz. Die weiche Sitzbank und die beheizbaren Griffe waren aus echtem Leder. Die zierlichen Blinker und der große Scheinwerfer leuchteten, wenn ein versteckter Hebel neben dem beschrifteten Nummernschild mit spitzen Fingern betätigt wurde. Ein beleuchtetes Display im schicken Tacho rundete den hochwertigen Gesamteindruck ab.

Lösungen

Gesteigerte Adjektive: Eigenschaften betonen

Seite 35

❶ Kai besitzt einen ziemlich großen Tanker als Modell. Auf der Messe möchte er sich einen noch größeren Tanker kaufen. Die kleineren/kleinen Tankermodelle interessieren ihn nicht. Lieber hätte er den größten Tanker als Bausatz. Dieser ist aber das teuerste Modell. Kai will noch etwas sparen, um später doch das größte/große Schiff zu kaufen.

Seite 36

❷

Positiv	Komparativ	Superlativ
klein	kleiner	am kleinsten
reich	reicher	am reichsten
arm	ärmer	am ärmsten
weit	weiter	am weitesten
kurz	kürzer	am kürzesten
alt	älter	am ältesten
dumm	dümmer	am dümmsten
faul	fauler	am faulsten
tief	tiefer	am tiefsten
laut	lauter	am lautesten
leise	leiser	am leisesten

Seite 37

❸ a) Die großen Bausätze mit mehr als 100 Einzelteilen sind in der Regel teurer als Modelle mit weniger Teilen.

b) Die großen Bausätze lassen sich meistens schwieriger zusammenbauen als die kleinen.

c) Bei den weniger aufwendigen Modellen ist man dafür schneller fertig und kann sich früher über das Ergebnis freuen.

d) Anfängern im Modellbau kann man es etwas leichter machen, wenn man Bausätze mit höchstens 50 Teilen kauft.

❹ **Leicht- und Schwergewichte**

Alle Modelle im Maßstab 1:15 sind nach dem Zusammenbau immer größer als Modelle im Maßstab 1:32. Vor allem Schiffsmodelle aus Metall sind aufgrund des Baumaterials natürlich schwerer als vergleichbare Modelle aus Holz. Die Metallschiffe sind am einfachsten zu transportieren, da sie nicht so schnell beschädigt werden können. Die leichtesten Modelle aus dünnem Balserholz wiegen gerade einmal 150 Gramm. Die kleinsten Modelle haben ungefähr die Größe eines

Stecknadelkopfes. Für die Modelle ist es auf jeden Fall am sichersten, wenn sie bei weiten/weiteren Transporten besonders sorgfältig in stabilen Kisten verpackt werden. Die längeren Schiffe lassen sich meistens in der Mitte teilen, da man sie sonst nicht in einem normalen Auto transportieren könnte. Viele Schiffsmodelle können sogar in mehrere Teile zerlegt werden. Der Transport dieser Modelle ist am aufwendigsten.

Fehler-Check
Seite 39

Bei den Flugzeugmodellen

Die kleineren Flugzeugmodelle waren in Halle 2a und die größeren in Halle 2b zu sehen. Wer also die größten Modelle sehen wollte, konnte diese natürlich nur in der Halle 2b finden. Am tollsten war, dass jeder gleich am Eingang den Bausatz für ein kleineres Modell geschenkt bekam. Schöner konnte es also kaum noch werden. An den meisten Ständen waren fertig zusammengebaute Modelle an dünnsten Fäden aufgehängt, damit es so aussah als ob sie wirklich flögen. Für etwas schwerere Flugzeuge mussten die Fäden natürlich dicker sein. Im Außenbereich vor der Halle zeigten erfahrene Modellbesitzer die spannendsten Flugkunststücke. Wer bereits Erfahrung mit der Funksteuerung von Flugmodellen hatte, durfte selber eins der stabileren Modelle fliegen.

Gesteigerte Adjektive: Stolpersteine

1 a) hoch, groß, nahe
Seite 40
   b) sauer, teuer
   c) hoch, groß, nahe
   d) viel, gern, gut

2 **Kleine Züge ganz groß**
Seite 42
Auf der Messe strömten die meisten Besucher in die Halle, in der die Modelleisenbahnen ausgestellt waren. Die kleinsten und die größten Züge lockten die Menschen gleichermaßen an. Die meisten Modellbauer sind schließlich am liebsten immer noch Hobby-Lokführer. Besonderes Interesse fanden die Miniaturzüge, obwohl sie auch die teuersten waren. Ganz zufällig trafen wir in dieser überfüllten Halle einen näheren Bekannten, der zu Hause in seinem Keller die größte Modelleisenbahnanlage aufgebaut hat, die ich je gesehen habe. Das ganze Jahr über beschäftigt er sich mit dem Ausbau dieser Anlage. Vor allem aber im Winter, wenn es früh dunkler wird, verbringt er mehr Zeit bei seiner Eisenbahnanlage als sonst.

Es ist bereits jetzt höchste Zeit, dass er über eine Erweiterung des Kellerraums nachdenkt. Die Züge fahren schon länger auf mehreren Ebenen. Auf den unteren Ebenen befinden sich die meisten Abstellgleise.

Seite 43 ❸

lieb	lieber	am liebsten
tot	–	–
hell	heller	am hellsten
ledig	–	–
flach	flacher	am flachsten
schwarz	schwärzer	am schwärzesten
leblos	–	–
stumm	–	–
kurz	kürzer	am kürzesten
heiß	heißer	am heißesten
einzig	–	–
wertlos	–	–
kalt	kälter	am kältesten
rund	–	–
rot	röter	am rötesten
einmalig	–	–

Seite 44 **Fehler-Check**

Beispielsatz	richtig	falsch
Der Bahnhof ist noch die lebloseste Gegend auf meiner Anlage.		x
Der Triebwagen ist röter als der Regionalexpress.	x	
Das ist der röteste Zug, den ich besitze.	x	
10 Zentimeter misst der am meisten hohe Mast der Oberleitung.		x
Dieser Tunnel ist dunkelerer als andere.		x
Schwärzer kann es in einem Tunnel einfach nicht sein.	x	
Die winzigste Lokomotive ist so groß wie eine kleine Münze.	x	
Die Gastanks auf dem Waggon sind ründer als die anderen Tanks.		x
Mehrere Züge gleichzeitig zu steuern, ist das einmaligste Erlebnis.		x

Kleine Modelle sind in der Regel <u>teurer</u> als große.	x	
Der Bistrowaggon ist der <u>einzigste</u> Wagen mit Beleuchtung.		x
Er ist auch der <u>teuerste</u> Waggon den ich besitze.	x	
Nichts ist <u>schöner</u> als die kleine Kapelle auf meiner Anlage.	x	
<u>Am meisten gut</u> funktioniert die elektronische Steuerung.		x
Jens und Lena sind immer <u>am stümmsten</u>, wenn sie mit ihrer Eisenbahn beschäftigt ist.		x

Keine Probleme mehr mit „wie" oder „als"

❶ Kampf der Lokomotiven

Seite 46

Der Zusammenbau von Lokomotivmodellen ist genauso interessant und unterhaltsam wie der von anderen Modellbausätzen. Für Lokomotiven, die nach dem Zusammenbau richtig fahren können, benötigt man mehr Zeit und Erfahrung als für Loks, die später nur in einem Schaukasten stehen sollen. Die Auswahl des passenden Modells muss ebenso gut überlegt sein wie bei den Schiffs- oder Flugzeugmodellen. Fahrbare Lokomotiven müssen zur eigenen Modellbahnanlage passen. Ein Gelände mit größeren Steigungen zum Beispiel erfordert zum Ziehen der Waggons kräftigere Loks als flaches Gelände. Dampfloks mit mehr als acht Achsen sind auf jeden Fall stärker als die Modelle mit weniger Achsen. Die Moderne Diesellokomotiven sind allerdings auch nicht schwächer als die alten Dampflokomotiven. Sie können ebenso viele Waggons ziehen wie die größeren dampfgetriebenen Ungetüme. Wegen des Umweltschutzes haben Elektroloks heute die Diesellokomotiven fast überall abgelöst. Obwohl sie nicht größer sind als die Dieselloks, können sie meistens mehr Waggons an einer Steigung ziehen als die Dieselfahrzeuge. Genauso wie in der Wirklichkeit müssen die Lokomotiven auf einer Modellbahnanlage für Steigungsstrecken mehr Kraft aufwenden als für Fahrten im flachen Gelände. Bei der Planung einer Anlage ist es deswegen wichtiger, auf den Grad der Steigung zu achten als auf die Länge des Anstiegs.

❷ So könnte dein Text zum Vergleich der Bilder lauten:

Seite 47

Die Dampflok ist etwa genauso lang wie die Elektrolok. Sie hat genauso viele Räder wie die Elektrolok. Außerdem ist sie fast genauso breit wie die Elektrolok. Dafür ist die Elektrolok niedriger gebaut und hat mehr Fenster als die Dampflok. Die Einstiegsleiter für den Lokführer ist bei der Elektrolok wesentlich kürzer als bei der Dampflok.

Seite 48 **Fehler-Check**

Mir macht das Gestalten der Landschaft auf meiner Modellbahnanlage mehr
Spaß als das Verlegen neuer Gleise. Für mich ist der Gesamteindruck der Anlage
spannender als der reibungslose Fahrbetrieb. Genauso wichtig wie die genaue
Planung ist dabei ein sehr sorgfältiges Arbeiten. Unsauber zusammengeklebte
Häuser fallen schließlich mehr auf als alles andere. Gute Ideen zur Aufstellung der
fertigen Bauwerke sind natürlich nicht weniger wichtig als die saubere Verarbeitung. Aus der Entfernung betrachtet soll später alles wie echt wirken. Dazu trägt
die Ausgestaltung mit kleinen Figuren und Fahrzeugen viel bei. Belebte Straßen
und Plätze wirken einfach besser als leere Häuserzeilen. Ein Marktplatz auf der
Modellbahnanlage muss für mich aussehen wie ein Standbild aus einem Film,
der auf einem Markt spielt. Unterschiedliche Gruppen sehen immer schöner aus
als eine Ansammlung gleicher Figuren. Die Anzahl der Figuren und Marktstände
ist dabei mindestens so wirkungsvoll wie die richtige Anordnung. Lieber ein paar
Figuren und Buden weniger als am Ende zu viele. Mit etwas Beleuchtung wirken
die kleinen Szenen gleich viel lebendiger als ohne künstliches Licht.

Kapitel 4: Verben

Subjekt und Verb aufeinander abstimmen

Seite 50 ❶ a) Ich sitze gespannt am Rand der Manege.

b) Von meinem Platz aus sehe ich alles besonders gut.

c) Der Beginn der Vorstellung verzögert sich, weil viele Gäste zu spät kommen.

d) Du hoffst auch, dass es bald losgeht.

e) Wenn ihr kräftig klatscht, dauert es vielleicht nicht so lange.

f) Endlich öffnet sich der Vorhang.

g) Mit strahlendem Gesicht begrüßt der Zirkusdirektor das Publikum.

h) Unter kräftigem Beifall marschieren die Artisten ein.

i) Der Kapellmeister beobachtet den Einzug der Artisten von der Empore.

j) Zur Begrüßung erhebt sich das gesamte Publikum von seinen Plätzen.

Seite 51 ❷ **Begrüßungsworte des Zirkusdirektors**

„Guten Abend und herzlich willkommen, liebes Publikum!

Wir zeigen heute einen bunten Strauß voller Sensationen. Ihr seht gleich Tiere und Menschen in Aktion. Der Zauberer Merlin führt euch ins Reich der Feen und Wunder. Der fliegende Roland und unsere Hochseilartisten lehren euch das Fürchten mit ihren waghalsigen Darbietungen. Später seht ihr riesige Elefanten, die auf das Kommando unserer kleinen Maja hören. Große und kleine Pferde führen in der Manege gemeinsam Kunststücke vor. Sahin, der Fakir aus dem Morgenland, treibt den Nervenkitzel schließlich auf die Spitze. Das Liegen auf dem Nagelbrett, Feuerschlucken und Feuerspucken gehören zu seinen äußerst gefährlichen Dar-bietungen. Ernie und Bert, unsere beiden beliebten Clowns, treiben in den Pausen immer wieder ihre Späße mit euch. Wir wünschen euch allen einen unterhaltsamen Abend."

Fehler-Check

Seite 52

Doppelte Zauberei

Zu Beginn der Zaubernummer rollen Helfer einen Teppich in der Manege aus und schieben eine Kiste herein. In der Kiste liegen die Gegenstände, die Roy und Robin benötigen. Dann kommen die Zauberer und begrüßen das Publikum. Weiße Tauben fliegen aus ihren schwarzen Hüten. Roy holt ein buntes Tuch aus der Kiste und lässt daraus weitere Tauben aufsteigen, während Robin viele weiße Kaninchen aus einer winzigen Röhre hervorzaubert. Jeweils eine Taube landet schließlich auf Roys und Robins Kopf, während die beiden Zauberer mit den Füßen inmitten der Kaninchen stehen. Während die Zuschauer noch Beifall klatschen, wachsen langsam eine Sonnenblume und eine Rose aus den Hüten, die jetzt auf dem Teppich stehen. Sowohl die Erwachsenen als auch die Kinder merken schnell, dass jede Blume umso schneller wächst, je lauter der Beifall ist. Beide Blumen sind schnell fast zwei Meter hoch, da die Zuschauern nicht am Beifall sparen. Mit großen Augen und offenem Mund bestaunt jeder, was es heute zu sehen gegeben hat.

Verben: regelmäßig oder unregelmäßig?

1 Unregelmäßige Verben/Starke Verben

Seite 54

Grundform	Präsens (1. Person Singular)	Präteritum (1. Person Singular)	Partizip II
singen	ich singe	ich sang	gesungen
springen	ich springe	ich sprang	gesprungen

fließen	ich fließe	ich floss	geflossen
essen	ich esse	ich aß	gegessen
rufen	ich rufe	ich rief	gerufen
stehlen	ich stehle	ich stahl	gestohlen
befehlen	ich befehle	ich befahl	befohlen
lügen	ich lüge	ich log	gelogen
fahren	ich fahre	ich fuhr	gefahren

Seite 55 **❷ Auf dem Rücken der Pferde**

Als nächstes erschienen drei junge Männer mit Pferden in der Manege. Die als Cowboys verkleideten Männer ritten nicht auf den Pferden, sondern sie standen auf ihren Rücken. Sie warfen die Cowboyhüte hoch in die Luft, drehten sich im vollen Galopp auf dem Rücken ihres Pferde stehend um, und fingen ihre Hüte wieder auf. Die drei Cowboys boten ein wahres Feuerwerk von Kunststücken. Während die Pferde ohne Unterbrechung liefen, sprangen sie schnell ab und wieder auf. Dabei wechselten sie ständig die Pferde, bis jeder schließlich einmal auf allen Pferden gesessen hatte. Manchmal standen sie sogar alle auf dem Rücken eines Pferdes. Später zeigte ein Cowboy sogar Saltos auf dem schmalen Pferderücken. Dazu war er auf das größte der Pferde gestiegen, da es am ruhigsten von allen lief. Es ging alles gut und sämtliche Kunststücke verliefen ohne einen einzigen Fehler. Als sie die Manege verließen, saßen die Artisten hintereinander auf dem größten Pferd und winkten mit ihren Cowboyhüten.

Seite 56 **Fehler-Check**

Ballbeherrschung

Der Jongleur hielt gerade sechs Bälle gleichzeitig in der Luft, als ein begeisterter Zuschauer ihn mit Blitz fotografierte. Weil der Jongleur dadurch geblendet wurde, verlor er die Kontrolle über die Bälle und einer fiel auf den Boden. Geschickt überspielte der Jongleur diese Panne, indem er so tat als ob das Absicht gewesen wäre. Mit dem Fuß brachte er den Ball, der etwas zur Seite gerollt war, wieder in Position. Während des Jonglierens mit den restlichen fünf Bällen ging er in die Hocke. Blitzschnell griff er den Ball, der heruntergefalllen war. Die Zuschauer tobten vor Begeisterung, als er ohne Pause das Jonglieren fortsetzte.

Gestern, heute oder morgen? – Mithilfe von Verben angeben, wann etwas geschieht

1 Alles im Gleichgewicht

Seite 58

Der Vorhang <u>ging</u> auf und vier Mädchen in bunten Kostümen <u>schwebten</u> herein. Jedes Mädchen <u>trug</u> einen hübschen Schirm. Mit kleinen Schritten <u>liefen</u> die Mädchen barfuß auf großen Kugeln aus glänzendem Metall. Durch winzige Verlagerungen des Gewichts <u>steuerten</u> sie ihre Kugeln in die Mitte der Manege. Jedes Mädchen <u>zeigte</u> auf seiner Kugel ein besonderes Kunststück. Das erste <u>jonglierte</u> mit farbigen Tüchern. Das zweite <u>kletterte</u> durch einen Reifen. Das dritte <u>sprang</u> mit einem Seil und das vierte <u>lief</u> auf der Kugel sogar über eine kleine Wippe am Boden.

2 Hilfsverben: Konjugation im Präteritum

Seite 59

Numerus	Person	haben	sein
Singular	1.	ich hatte	ich war
	2.	du hattest	du warst
	3.	er, sie, es hatte	er, sie, es war
Plural	1.	wir hatten	wir waren
	2.	ihr hattet	ihr wart
	3.	sie hatten	sie waren

3 Hallo Leute,

Seite 60

ihr werdet es nicht glauben, aber gestern bin ich zum ersten Mal in der neuen Zirkus-AG gewesen. Es war einfach super! Alle haben sich total nett verhalten, obwohl die meisten mich vorher noch nie gesehen hatten. Ich bin mir schon jetzt ziemlich sicher, dass der Wechsel in die Zirkus-AG die richtige Entscheidung gewesen ist. Der Lehrer, der die AG betreut hat, war einfach Spitze. Ich durfte vieles ausprobieren, bis ich das Passende für den Anfang gefunden hatte. Nach dem ersten Training habe ich mich für die Akrobatik entschieden. Ihr habt bestimmt schon einmal gesehen, wie aus menschlichen Körpern verschiedene Figuren gebaut werden. Ich bin sehr gespannt, wie es weitergeht.

4

Infinitiv	Person/Numerus	Perfekt	Plusquamperfekt
tanzen	1. Person/Singular	ich habe getanzt	ich hatte getanzt
rennen	2. Person/Singular	du bist gerannt	du warst gerannt

wählen	2. Person/Plural	ihr habt gewählt	ihr hattet gewählt
fallen	1. Person/Plural	wir sind gefallen	wir waren gefallen
glauben	3. Person/Singular	er, sie, es hat geglaubt	er, sie, es hatte geglaubt

Seite 61

5 a) Sarah liegt noch im Krankenhaus, weil sie sich beim Sturz von der Kugel das Bein gebrochen hat.

b) In den ersten Tagen nach dem Sturz schmerzte das Bein sehr.

c) Seit zwei Wochen ist sie nicht mehr in die Schule gegangen.

d) Sie denkt nicht gerne darüber nach, warum sie damals auf der Kugel das Gleichgewicht verlor.

e) Da der Bruch schneller als angenommen verheilt ist, darf Sarah schon heute das Krankhaus verlassen.

f) Den ersten Gips, den man ihr im Krankenhaus anlegt hatte, hat sie zur Erinnerung behalten.

g) Während ihres Krankenhausaufenthalts besuchten viele Freunde Sarah.

Seite 62

6 Düsseldorf, 26. September 2010 Seit dem Wochenende werden zwei Ponys des Zirkus vermisst. Man hatte die Tiere nach der letzten Vorstellung am Sonntag auf die eingezäunte Wiese gebracht. Erst am nächsten Morgen entdeckten die Tierpfleger das Verschwinden. Als sie gegen Mitternacht ihren Kontrollgang gemacht hatten, waren die Tiere noch da. Der Verdacht fällt auf einige Zuschauer, die sich direkt nach der Vorstellung noch am Zaun aufgehalten hatten. Ein Zuschauer scheint besonders verdächtig, weil er längere Zeit in der Nähe der jetzt vermissten Ponys gestanden hatte. Bei der Vernehmung durch die Polizei fiel den Tierpflegern ein, dass der Mann schon verschwunden war, als sie selbst die Beleuchtung auf der Wiese gelöscht hatten. Einer der Tierpfleger ist sich sicher, dass dieser Mann die Tiere fotografiert hatte. Die Polizei sucht nun Zeugen, die nach der Spätvorstellung etwas beobachtet haben, das zur Klärung des Diebstahls beitragen kann.

Seite 63

7 **Praktikum im Zirkus**

a) Wenn ich meinen Schulabschluss habe, werde ich mir einen Traum erfüllen.

b) Wie bereits mit dem Zirkusdirektor besprochen, werde ich für ein paar Wochen als Aushilfe in seinem Zirkus arbeiten.

c) Der Zirkus wird genau zu dieser Zeit in unserer Stadt Station machen, sodass ich keine weiten Anfahrtswege haben werde.

d) Man wird mich vor allem zur Tierpflege einsetzen.

e) Übermorgen werde ich beim Zirkus noch einmal nachfragen, ob mit meinem Praktikum alles in Ordnung geht.

8 Satz a und e

9 a) Plusquamperfekt   b) Futur I   c) Perfekt Seite 64
   d) Präsens   e) Präteritum

Fehler-Check Seite 65

Heute weiß ich ziemlich genau (Präsens), was ich später einmal werden will. Bevor ich mich entschieden habe (Perfekt), Tierärztin zu werden, hatte ich immer davon geträumt (Plusquamperfekt), einmal in einem richtigen Zirkus zu arbeiten. Jedes Kind hat irgendwann einmal diesen Traum (Präsens), wenn es öfter im Zirkus war. Mit 10 Jahren stellte ich mir vor (Präteritum), dass ich später einmal Clown werde. Etwas später nahm ich mir vor (Präteritum), Hochseilartistin zu werden. Weil ich meine Ferien häufiger auf dem Bauernhof meines Onkels verbracht hatte (Plusquamperfekt), entschied ich mich mit 16 Jahren doch, lieber Tierärztin als Hochseilartistin zu werden. Das Studium wird zwar nicht leicht werden (Futur I), aber ich freue mich schon jetzt darauf (Präsens). Obwohl ich mich mit 16 schon anders entschieden hatte (Plusquamperferkt), ist mein großes Interesse für den Zirkus immer geblieben (Perfekt).

Aktiv oder Passiv?

1 **Neuwahlen** Seite 67
Im nächsten Monat wirst du wieder gefragt werden, welche Arbeitsgemeinschaft du im kommenden Schuljahr wählen willst. Im letzten Jahr wurden eure Wünsche erst nach den Sommerferien erfragt. Erst zwei Wochen nach Beginn des neuen Schuljahres wurdet ihr den neuen Arbeitsgemeinschaften zugewiesen. Damit diesmal besser und schneller geplant werden kann, wird diese Umfrage jetzt schon viel früher durchgeführt. In den kommenden Tagen werdet ihr alle umfangreiches Informationsmaterial zu allen Arbeitsgemeinschaften erhalten. In der letzten Woche vor den Sommerferien werden die Wahlzettel eingesammelt. Neue Mitglieder werden in diesem Jahr vor allem von unserer Zirkus-AG gesucht. In der nächsten Zeit werdet ihr deswegen bestimmt noch direkt angesprochen.

2 a) Sabrina wird beim Balancieren auf der Kugel von Jana unterstützt. Seite 68
   b) Sabrina wurde von Melanie beim Besteigen der wackeligen Kugel geholfen.

c) Kira war von Ina geholfen worden, als sie zum ersten Mal auf die Kugel stieg.

d) Sabrina ist von Jakob das Jonglieren mit Tüchern gezeigt worden.

e) Sabrina wird vom Lehrer bald das Jonglieren mit Bällen gezeigt werden.

Seite 69 **3 Gemeinsam sind wir stark**

Dir wird in der Zirkus-AG bei allem geholfen, was du tun möchtest. Dir werden alle Fragen von unserem Team beantwortet. Dir wird gezeigt, wie man auf dem Einrad fährt oder als Fakir Feuer spuckt. Dir wird langsam vorgemacht, was du lernen willst. Bevor du dich für etwas entscheidest, wirst du vom Lehrer beraten werden. Du wirst von allen trainiert werden, bis du ein Könner bist. Auf unsere Erfahrung kannst du bauen: Viele sind beim Einstieg in die Zirkus-AG von uns schon gut unterstützt worden.

Seite 70 **4 Diebstahl im Zirkusraum**

Satz 1: a/b	Satz 2: a/b	Satz 3: c	Satz 4: c
Satz 5: d	Satz 6: d	Satz 7: a	Satz 8: a

Seite 71 **5 Das Brandenburger Tor**

In der Akrobatik werden mit dem Körper Figuren nachgebaut. Diese Figuren nennt man Pyramiden, da Köper aufeinandergeschichtet werden. Als Vorlage für eine solche Pyramide wird häufig ein bekanntes Bauwerk gewählt. Die Pyramide auf dem Bild wird nach der Vorlage des Brandenburger Tors in Berlin gebaut. Bei Akrobaten ist sie beliebt, weil zum Erstellen nur sieben Personen benötigt werden. Die waagerecht liegenden Personen werden im gestrecktem Zustand hochgehoben.

Seite 72 **Fehler-Check**

Zeitform	Aktiv	Passiv
Präsens	du hilfst	dir wird geholfen
Präsens	ihr helft	euch wird geholfen
Präteritum	sie verzauberte	sie wurde verzaubert
Perfekt	ich habe verzaubert	ich bin verzaubert worden
Perfekt	du hast gestützt	du bist gestützt worden
Futur I	sie werden tragen	sie werden getragen werden
Plusquamperfekt	ich hatte gefragt	ich war gefragt worden
Präteritum	er schob	er wurde geschoben

Präsens	ihr schiebt	ihr werdet geschoben
Plusquamperfekt	sie hatten trainiert	sie waren trainiert worden
Futur I	ich werde heben	ich werde gehoben werden

Kapitel 5: Satzglieder

Subjekt, Prädikat oder Objekt?

1 Die sportliche Nina wirft den langen Speer sehr weit.

Seite 73

Den langen Speer wirft die sportliche Nina sehr weit.

Sehr weit wirft den langen Speer die sportliche Nina.

Sehr weit wirft die sportliche Nina den langen Speer.

Wirft die sportliche Nina den langen Speer sehr weit?

Wirft den langen Speer die sportliche Nina sehr weit?

Wirft sehr weit den langen Speer die sportliche Nina?

2 (Die sportliche Nina) (wirft) (den langen Speer) (sehr weit.)

Seite 74

3 a) (Der flinke Marvin) (springt) (über die hohen Hürden.)

b) (Marina und Katrin) (trainieren) (begeistert) (für die 4 x 50-Meter-Staffel.)

c) (Beim Hochsprung) (zeigt) (der kleine Lars) (sein ganzes Können.)

d) (Das begeisterte Publikum) (spendet) (den Sportlern) (viel Beifall.)

e) (Während des Hürdenlaufs) (kommt) (es) (zu einem Sturz.)

f) (Zwei Sanitäter) (laufen) (mit einer Bahre) (quer) (über den Rasenplatz.)

4 Testlauf

Seite 75

Nina, Lara und Sarah stehen bereits am Start zum 50-Meter-Lauf. Sie gehören im Verein zur 50-Meter-Staffel. Im Einzelwettbewerb laufen die Mädchen allerdings gegeneinander. Die Siegerin des Laufes startet später in der Staffel als Schlussläuferin. Die Eltern und das übrige Publikum erwarten einen spannenden Wettkampf. Anfangs laufen alle drei Mädchen noch dicht nebeneinander. Mit sehr knappem Vorsprung überquert Lara die Ziellinie.

5 So könnten deine Sätze lauten:

Seite 76

a) Die ersten 20 Meter haben die Läuferinnen gleich schnell zurückgelegt.

b) Die Entscheidung wird im Wettkampf auf den letzten Metern fallen.

c) Alle Läuferinnen haben im Zieleinlauf verbissen gekämpft.

d) Das Zielfoto muss am Ende über den Sieg entscheiden.

e) Im gut besuchten Stadion ist das Publikum vor Begeisterung aufgesprungen.

f) Auf jeden Fall wird der Trainer mit der Leistung seiner Mädchen zufrieden sein.

Seite 77 **6 Hoch hinaus**

Die Stabhochspringer benötigen besonders viel Anlauf. Sorgfältig wählen sie vor dem Sprung die Absprungstelle aus. Ebenso wichtig ist für sie die Entscheidung für den richtigen Stab. Beim Wettkampf kann man diesen Vorgang gut beobachten. Etwas Aberglaube bestimmt die Entscheidung natürlich auch. Am Ende kommt es schließlich in erster Linie auf die richtige Technik an. Ich kann es immer kaum fassen, wie hoch man mit einem Stab springen kann. Die Landung auf der dicken Weichbodenmatte stelle ich mir einfach toll vor.

Seite 78 **7 Gesicherte Landung**

Der Weitsprungwettbewerb findet (bei den Zuschauern) (Dat./ ~~Akk.~~) immer (großen Anklang) (~~Dat.~~/ Akk.). Schnell wird man an (die eigenen Versuche) (~~Dat.~~/ Akk.) während der Schulzeit erinnert. Anders als in der Schule müssen die Wettkämpfer (den Anweisungen) (Dat./ ~~Akk.~~) der Kampfrichter strikt folgen. Gleich mehre Kampfrichter kontrollieren (den ordnungsgemäßen Ablauf) (~~Dat.~~/ Akk.) des Wettkampfs. Der Hauptkampfrichter gibt (dem Springer) (Dat./ ~~Akk.~~) ein Zeichen, wenn er springen darf. Trifft der Springer (den Absprungbalken) (~~Dat.~~/ Akk.) nicht richtig, hält der Absprungrichter (eine rote Fahne) (~~Dat.~~/Akk.) hoch. Die Weite wird von (zwei weiteren Kampfrichtern) (Dat./ ~~Akk.~~) gemessen. Der Sand wird für (den nächsten Sprung) (~~Dat.~~/ Akk.) (von einem weiteren Kampfrichter) (Dat./ ~~Akk.~~) geglättet. Jeder Springer findet also (dieselben Bedingungen) (~~Dat.~~/ Akk.) vor.

Seite 79 **8**

1.	zeigen	Dativ
2.	kennen	Akkusativ
3.	vertrauen	Dativ
4.	helfen	Dativ
5.	schreiben	Akkusativ
6.	verbrennen	Akkusativ

7.	finden	Akkusativ
8.	schenken	Dativ
9.	lieben	Akkusativ
10.	nehmen	Akkusativ
11.	singen	Akkusativ
12.	bauen	Akkusativ

So könnten deine Sätze lauten:

2. Ich kenne diese Sportart.

3. Der Sportler vertraut den Kampfrichtern.

4. Die Wettkämpfer helfen dem gestürzten Kollegen.

5. Eine Reporterin schreibt einen spannenden Bericht.

6. Die glühende Sonne verbrennt den Blumenschmuck im Stadion.
7. Er findet immer den richtigen Anlauf.
8. Seiner Verletzung schenkt er keine Beachtung.
9. Sportler lieben den Wettkampf.
10. Sie nimmt die Niederlage nicht schwer.
11. Zu Beginn des Wettkampfs singen sie die Nationalhymne.
12. Die Helfer bauen eine Weitsprunganlage.

9 a) Sie berichtet (den Eltern) (Dativobjekt) am Telefon vom letzten Wettkampf. <u>Wem</u> Seite 81
<u>berichtet sie?</u>
b) Sie glaubt (den Vorhersagen) (Dativobjekt) des Trainers. <u>Wem glaubt sie?</u>
c) Fast alle Läufer glauben (an den Sieg) (Präpositionalobjekt, im Akkusativ) im
letzten Rennen. <u>An was glauben alle Läufer?</u>
d) Zur schnelleren Orientierung fragt er (die Ordner.) (Akkusativobjekt) <u>Wen fragt</u>
<u>er?</u>
e) Er fragt (nach dem Weg) (Präpositionalobjekt, im Dativ) in die Umkleidekabine.
<u>Nach was fragt er?</u>

Fehler-Check
Seite 82

1. <u>Sven und Lars</u> hoffen (auf eine Medaille.)
2. <u>Der etwas ältere Lars</u> nimmt (am Wettkampf im Stabhochsprung) teil.
3. (Für den Weitsprung) ist der <u>jüngere Sven</u> angemeldet.
4. <u>Lars</u> macht (Sven) (Hoffnung auf einen Sieg.)
5. <u>Der Trainer</u> hilft (beiden Jungen) (bei der Vorbereitung.)
6. (Von der Trainingsqualität) hängt der <u>Erfolg</u> ab.
7. <u>Lars Eltern</u> werden (zum Wettkampf) kommen.
8. <u>Svens Eltern</u> haben (ein paar Tage Urlaub) genommen.
9. <u>Sie</u> erwarten (einen guten Wettkampf).
10. (Über die wichtigsten Ereignisse) werden die <u>Lokalzeitungen</u> berichten.
11. <u>Die Medien</u> versprechen (den beiden jungen Sportlern)
(eine sehr erfolgreiche Zukunft.)
12. <u>Wir</u> wünschen (ihnen) (viel Glück.)

Adverbiale Bestimmungen richtig bestimmen

Seite 84 **1** **Lauftraining im Wald**

(Gestern Nachmittag) haben wir (im Verein) ein leichtes Lauftraining durchgeführt. Unser Trainer hatte (zur Abwechslung) einen Waldlauf vorgeschlagen. Alle stimmten diesem Vorschlag (sofort) (mit großer Begeisterung) zu. Wir sind (ganz langsam) (zum alten Forsthaus) gelaufen. (Im Garten des Forsthauses) haben wir (10 Minuten) Pause gemacht. Das Laufen (auf dem weichen Waldboden) gefällt mir (sehr gut.) (Wegen meiner Knieprobleme) laufe ich nicht gerne (auf hartem Untergrund.) (Kurz vor Sonnenuntergang) trafen wir wieder (im Stadion) ein. (Nächstes Mal) wollen wir (bis zur alten Mühle) laufen.

Seite 85 **2** **Sportfest mit Blitz und Donner**

(Im letzten Sommer) (Zeit) haben wir (auf unserem Vereinsplatz) (Ort) (mit großem Erfolg) (Art und Weise) ein Sportfest durchgeführt. Alle Vereinsmitglieder haben etwas (zur Unterhaltung) (Zweck) beigetragen. (Großzügig) (Art und Weise) haben die Gäste für die Verpflegung gesorgt. (Überall) (Ort) herrschte eine gute Stimmung. (Wegen des schlechten Wetters) (Grund) mussten einige Wettkämpfe und Attraktionen (überraschend) (Art und Weise) abgesagt werden. (Völlig unerwartet) (Art und Weise) waren (gegen Nachmittag) (Zeit) dunkle Wolken (schnell) (Art und Weise) aufgezogen. (Wenig später) (Zeit) blitzte es (heftig) (Art und Weise). (Kurz darauf) (Zeit) begann es zu schütten. (Zum Schutz vor dem Unwetter) (Zweck) flüchteten alle ins Vereinsheim. Alle haben die Situation (geduldig und humorvoll) (Art und Weise) bewältigt. (Nach dem Gewitter) (Zeit) wurde der Sportplatz (gemeinsam) (Art und Weise) aufgeräumt. (Schon bald) (Zeit) konnte die Feier fortgesetzt werden. (Trotz dieser Unterbrechung) (Grund) waren alle Gäste (abends) (Zeit) (auf dem Heimweg) (Ort) zufrieden.

Seite 86 **3** b) Die Laufbahn und die Sprunggruben konnten wegen großer Pfützen nicht mehr benutzt werden./ Wegen großer Pfützen konnten die Laufbahn und die Sprunggruben nicht mehr benutzt werden/...

c) Wir holten Werkzeug zum Säubern der Anlage./ Zum Säubern der Anlage holten wir Werkzeug.

d) Mit viel Geduld sammelten wir alle Blätter und Äste in den Sprunggruben ein./ Wir sammelten in den Sprunggruben mit viel Geduld alle Blätter und Äste ein./...

e) Grill und Würstchen hatte man in letzer Minute vor einem Regenguss gerettet./ In letzter Minute hatte man Grill und Würstchen vor einem Regenguss gerettet./...

f) Abends wurden die Helfer im Vereinsheim vom Platzwart gelobt./ Die Helfer wurden vom Platzwart abends im Vereinsheim gelobt/ Im Vereinsheim wurden die Helfer abends vom Platzwart gelobt.

Fehler-Check Seite 87

Unwetter unterbricht Sportfest
am Samstagnachmittag (Zeit), völlig überraschend (Art und Weise), am Samstag (Zeit), in bester Stimmung (Art und Weise), auf dem Vereinsplatz von Grün-Weiß (Ort), vormittags (Zeit), unter großem Beifall (Art und Weise), recht unerwartet (Art und Weise), etwas später (Zeit), wegen plötzlich einsetzenden Starkregens (Grund), am Nachmittag (Zeit), geduldig (Art und Weise), im Vereinsheim (Ort), wegen des völlig aufgeweichten Bodens (Grund), nach dem Gewitter (Zeit), auf dem Platz (Ort), ohne Einschränkungen (Art und Weise), trotz der wetterbedingten Störungen (Grund), positiv (Art und Weise),

Kapitel 6: Satzarten

Aussagesatz, Fragesatz oder Aufforderungssatz?

❶ Liebe Jessica, Seite 89
nächste Woche finden bei uns die Turnmeisterschaften statt. Ich werde auf jeden Fall am Wochenende hingehen. Bist du schon einmal bei einem Turnfest gewesen? Du solltest diese Gelegenheit nicht verpassen. Hast du Zeit und Lust mich zu begleiten? Oder musst du dich auf eine Arbeit vorbereiten? Eine Eintrittskarte könnte ich für dich auf alle Fälle noch besorgen. Komm doch bitte mit! Eine Pause tut auch dir mal gut! /. Gib mir schnell Bescheid, ob es bei dir klappt!
Liebe Grüße von Sven

Fehler-Check

a) Aussagesatz (.)   b) Aufforderungssatz (!)   c) Fragesatz (?)

d) Aufforderungssatz (!)   e) Aussagesatz (.)

Hauptsatz oder Nebensatz?

Seite 91

❶ Die Schwimmwettkämpfe müssen in diesem Jahr in der Halle ausgetragen werden, da die Wettervorhersagen ungünstig sind. In der nächsten Woche soll es immer wieder kräftig regnen. Außerdem soll es für diese Jahreszeit bereits recht kühl werden. Die Vorsichtsmaßnahme ist notwendig, damit Verletzungen bei den Sportlern vermieden werden. Im Hallenbad wird es für die Zuschauer allerdings etwas eng werden. Wenn es das Wetter doch noch erlauben sollte, werden bestimmte Veranstaltungen nach draußen verlegt. Vor allem den Turmspringern wäre das lieber. Der Sprungturm im Hallenbad ist in keinem besonders guten Zustand. Außerdem spiegelt sich das Licht, wenn es durch die großen Scheiben des Hallenbades fällt, auf der Wasseroberfläche. Die Springer können deshalb nicht so gut sehen, wann sie in das Wasser eintauchen. Den Schwimmern gefällt allerdings die Stimmung im Hallenbad immer gut. Sie mögen es, wenn das Publikum sie lautstark anfeuert. In der Halle sind Anfeuerungsrufe und Beifall viel deutlicher zu hören.

Seite 92

❷ a) Die Wettkämpfe im Turnen sind immer besonders gut besucht, weil man sensationelle Übungen geboten bekommt.
   b) Die Halle ist stets ausverkauft, wenn die jungen Turnerinnen ihre Bodenkür präsentieren.
   c) Dem Publikum stockt der Atem, weil/ wenn die Männer gewagte Übungen am Reck und den Ringen zeigen.

Seite 93

❸ **Begeisterung pur**
   Weil ich selbst eine begeisterte Turnerin bin, bewundere ich das Können der anderen. Kurz vor Ende der Veranstaltung gehe ich meistens schon zum Seitenausgang der Halle, da ich seit langem Autogramme von bekannten Sportlern sammle. Wer zu spät kommt, hat keine Chance, da alle Sportler nach einem anstrengenden Tag schnell nach Hause wollen. Wenn nach der Siegerehrung alle Zuschauer aus der Halle kommen, gibt es immer ein großes Gedränge. Ich kaufe jedes Mal die Programmhefte, damit die Sportler direkt unter ihrem Bild unterschreiben können.

4 a) Die Turnerinnen benötigen völlige Ruhe in der Halle, wenn sie auf dem Schwebebalken turnen.

Seite 94

b) Weil die Verletzungsgefahr groß ist, ist beim Turnen auf dem Schwebebalken absolute Konzentration erforderlich.

c) Das Publikum darf erst klatschen, nachdem die ganze Übung abgeschlossen ist.

d) Eine Weichbodenmatte liegt bereit, damit die Landung am Ende der Kür sicher ist.

e) Der Trainer steht zur Sicherung bereit, wo die Turnerin landet.

f) Die Turnerin kommt bei der Landung ohne Hilfestellung aus, indem sie die Arme ausbreitet.

5 a) Nina wird in ihrer Mannschaft als faire Sportlerin geschätzt, weil sie immer hilfsbereit ist.

Seite 96

b) Sie tut sich besonders hervor, indem sie in ihrer Mannschaft für Ruhe sorgt.

c) Bevor andere etwas gemerkt haben, ist sie schon zur Stelle.

d) Sofort geht sie dahin, wo ein Streit entstehen könnte.

e) Während andere erst einmal überlegen, hat Nina schon längst gehandelt.

f) Sie sucht ständig das Gespräch mit den Gegenspielerinnen, damit eine entspannte Atmosphäre herrscht.

g) Bereits bestehende Konflikte versucht sie zu lösen, indem sie darüber spricht.

h) Alle möchten Nina gerne in ihrer Mannschaft haben, da/weil sie so beruhigend auf die Spielgestaltung wirkt.

i) Beim letzten Spiel, als Nina krank war, hat man das sofort an der Stimmung der Mannschaft gemerkt.

j) Damit die anderen ihrem Beispiel folgen, ist Nina öffentlich vom Trainer gelobt worden.

k) Nachdem Nina diese Auszeichnung erhalten hatte, versuchten ihre Mitspielerinnen, auch fairer zu sein.

6 **Über den Rücken des Pferdes**

Seite 97

Die Turner, die über das Pferd springen wollen, benötigen sehr viel Anlauf. Den Anlauf, den sie brauchen, legen sie bereits im Training genau fest. Häufig kennzeichnen sie die Startposition mit einem Maskottchen, das sie neben die Laufbahn legen. Es soll dem Springer, dem es gehört, Glück bringen.

❼ Alle Springer, die am Wettkampf teilnehmen, sind etwas abergläubisch. Keiner würde das Maskottchen, das einem anderen gehört, anfassen oder gar verschieben. Vor jedem Sprung kontrollieren die Trainer, die ihre Schützlinge betreuen, die richtige Position des Absprungbrettes. Ein Absprungbrett, das falsch liegt, führt zu großen Problemen beim Sprung. Der richtige Absprung ist entscheidend für die Qualität der Flugphase, die der Springer erreicht. Das Kampfgericht, das den Sprung bewertet, beurteilt vor allem auch die einwandfreie Landung. Ein Springer, der bei der Landung wackelt, erhält deutliche Punktabzüge.

❽ Die Anzeigetafel zeigt dem Sportler, der gerade gesprungen ist, welche Punktzahl er insgesamt erhalten hat. Nach dem dritten Versuch werden alle Ergebnisse, die ein Springer erreicht hat, zusammengezählt. Die Tafel zeigt den Springern, die noch einen letzten Sprung haben, welche Punktzahl sie noch benötigen, um zu den Siegern zu gehören. Am Ende des Wettkampfs blinken die Namen derjenigen, die die ersten drei Plätze belegt haben. Denen, die gewonnen haben, sieht man an, wie glücklich sie darüber sind. Diejenigen, die nicht zu den Siegern gehören, werden meistens sofort von ihren Trainern getröstet.

Fehler-Check

a) Fairness ist im Sport ist sehr wichtig, damit Verletzungen im sportlichen Wettkampf vermieden werden. (Finalsatz)

b) Unfälle im Sport passieren meistens, weil die Sportler zu wenig Rücksicht aufeinander nehmen. (Kausalsatz)

c) Nachdem ein Wettkampf richtig begonnen hat, fällt Zurückhaltung häufig besonders schwer. (Temporalsatz)

d) Indem man sich selbst im Zweikampf kontrolliert, kann man seinen Gegner schonen. (Modalsatz)

e) Wo Gefahren lauern, muss man besonders vorsichtig miteinander umgehen. (Lokalsatz)

f) Während jemand verletzt am Boden liegt, sollten die anderen nicht einfach weitermachen (Temporalsatz)

g) Jeder sollte Rücksicht auf andere nehmen, weil man selbst auch Rücksicht erwartet. (Kausalsatz)

h) Ein Sportler, der sich fair verhält, ist ein Vorbild für andere. (Relativsatz)